이 미 지 메 이 킹

매너와 커뮤니케이션 스킬

강혜숙

지식인

이미지메이킹,
매너와 커뮤니케이션 스킬

2020년 3월 2일 초판 1쇄 인쇄
2020년 3월 6일 초판 1쇄 발행

지은이 | 강혜숙
펴낸이 | 김종욱 · 명사동
펴낸곳 | 지식인
등 록 | 제301-2013-134호
주 소 | 서울시 도봉구 도봉로 180길 20 투웨니퍼스트 102동 602호
전 화 | 02)2266-8606
팩 스 | 02)2266-8607
E-mail | jisikin2013@naver.com

ISBN 979-11-88105-46-5 (93320)

값 15,000원

이미지메이킹,
매너와 커뮤니케이션 스킬

이 미 지 메 이 킹

매너와 커뮤니케이션 스킬

preface

현대는 인터넷을 기반으로 한 지식 · 정보화 사회 속에서 '지구촌'이 하나의 정보망으로 연결되어 자유롭게 정보를 교환할 수 있는 정보화 시대에 살고 있다. 또한 정보화 시대는 민족 국가의 종말과 함께 국경의 개념이 무너지고 세계가 하나로 되는 '글로벌 시대'가 공고히 되고 있다. 이러한 전 세계적인 추세는 사회로부터 해체된 개인의 욕망이 우선시되는 사회가 가속화되면서 거대한 자본이 국경을 마음대로 넘나들면서 '무한경쟁의 시대'가 되고 있다.

박한표 교수는 『글로벌 문화와 매너』(2006) 책에서, "세계 시민으로 '무한경쟁의 시대'를 살아가는 길은 첫째, 외국어 구사 능력이나 컴퓨터 활용 능력 등의 전문지식 능력이 필요하고, 둘째, 다른 사람들과의 '다름'은 '틀림'이 아니라, 단지 '차이'일 뿐이기 때문에 자신의 감정을 조절할 줄 알고 나아가 다른 사람의 감정을 이해하고 공감하는 능력이 높은 EQ(감정지수)를 가진 사람이 되어야 하며, 셋째, 글로벌 에티켓과 매너를 갖춘 자로서 유연하고 열린 마음을 가져야 한다."고 강조하였다.

에티켓Etiquette은 '있다'와 '없다'로, 매너Manner는 '좋다'와 '나쁘다'로 표현한다. 에티켓은 통념상 도덕적 잣대(예 : 공중도덕)이고, 매너는 일상생활 속에서 관습, 태도, 몸가짐 등의 일반적인 예의라고 할 수가 있다. 그러기에 에티켓을 지키는 것은 문화를 배우는 것이고, 문화Culture를 배우는 것은 객관적인 안목으로 상대방을 배려하고 이해하는 일이다. 이제부터라도 우리는 마음의 문을 활짝 열고 세계인과 더불어 사는데 지켜야 할 에티켓과 매너에 대한 인식을 바꾸어야 한다.

일반적으로 우리는 일본인들이 국그릇을 들고 먹는다고 '상놈'이라 놀리고, 브라질 사람들이 시간 관념이 없어 '게으르다'고 말하는 경향이 있다. 이와 같이 나와 다름을 인정하지 않고 손가락질하거나 놀리는 행동은, 이제라도 상대방의 문화에 대한 인식을 바꾼다면 사라질 것이다.

저자는 국적항공사 서울여객지점 국제선 발권카운터에서 고객응대를 한 풍부한 실무 경험과 CRS 전문회사에서 항공예약 · 발권서비스 전문강사를 한 경험, 그리고 대학교에서 수년간 이미지메이킹과 글로벌매너 교양 과목을 가르친 경험을 바탕으로 하여 이번에 다양한 자료들을 수집하여 『이미지메이킹, 매너 그리고 커뮤니케이션 스킬』을 집필하게 되었다.

구성은 전체 제7장으로 되어 있으며, 제1장 이미지메이킹, 제2장 매너, 제3장 커뮤니케이션 스킬, 제4장 비즈니스 매너, 제5장 스피치와 프레젠테이션 스킬, 제6장 공공 매너 및 일상 매너, 제7장 고객서비스이다.

끝으로, 이 책의 출간을 위해 원고를 꼼꼼히 보아주신 지식인의 임 · 직원 여러분들께 진심으로 감사를 드립니다.

강 혜 숙

contents

contents

contents

contents

이미지 메이킹

제1장

이 미 지 메 이 킹

매너와 커뮤니케이션 스킬

01 21세기 성공전략은 이미지메이킹

이미지메이킹Image Making은 20세기 후반 들어서 개인, 사회, 국가에까지 그 영향력이 확대되고 있다. 우리나라에서 처음 이미지Image란 용어가 등장한 것은 광고 분야에서 "제품이 소비자 마음에 새겨지는 것이라 할 수 있다."고 하였다.

미국의 레이건 대통령과 일본의 나카소네 수상이 이미지 관리를 하고 있다는 사실이 알려지면서, 우리나라에서도 이미지메이킹이란 용어가 등장하였고, 이 이미지메이킹의 기본 원리는 외적 이미지를 강화하여 긍정적인 내적 이미지를 끌어내는 시너지효과(상승효과)를 얻는 것이라 할 수 있다.

1. 이미지메이킹의 개념

이미지Image의 사전적 의미는 형태, 영상, 관념을 의미한다. 상대방으로부터 자연스럽게 긍정적인 태도를 이끌어낼 수 있는 힘의 원천은 좋은 이미지이다. 좋은 이미지는 천 마디의 좋은 말이나 높은 지위보다도 더 큰 위력을 발휘한다. 이렇게 이미지란, "감각 대상에 대해 감지된 정보가 마음속에서 정보처리의 과정을 거쳐 재구성되어 만들어지는 형상(形象), 어떤 사람이나 사물에 대해 가지는 시각상이나 기억, 인상, 평가 및 태도의 총체"로 정의할 수 있다(조영신 외, 2016).

박혜정(2013)의 이미지메이킹이란, "매너와 에티켓, 업무능력, 인간관계, 건강하고 성실한 자기경영까지 모두를 포함한 자기의 표현"이라고 정의하였다.

다른 한편으로 하진영 · 오선영(2007)의 『영화로 보는 매너와 에티켓』 책에서 나오는 이미지메이킹을 살펴보면, 외형적인 이미지는 유전적으로 타고나는 부분도 있지만, 대부분은 후천적이며 다차원적이고 다변적이다. '나'라는 사람은 하나이지만 '나'에 대한 이미지는 수없이 많은 모습으로 타인에게 비쳐지고 있다.

이제 타인의 시선에 나의 이미지를 그냥 맡겨 두어서는 안 된다. 내가 타인에게 보여주고 싶은 이미지를 선택해서 보다 매력적으로 연출해야 한다. 이미지메이킹은 남을 위한 것이 아닌, 바로 자신의 삶의 질을 높이기 위한 작업이기 때문이다. 자신감을 잃지 않도록 하고, 자신의 외모에 대해 스스로 책임을 지며 이미지 향상을 위해 노력하고, 위축되지 않는 자세를 길러야만 보다 호감 있는 외형적 이미지를 연출할 수 있다.

이미지메이킹은 자신을 상품화하고자 하는 연예인들만의 이야기가 아니라, 내면과 외면을 고루 발전시켜 자신감 있는 '최상의 나'로 만들어 자신에게나 타인에게 모두 당당하도록 만들어주는 조건이다.

2. 이미지메이킹은 '나'를 상품화하는 전략

이미지메이킹Image Making이란, 자신의 본질을 바탕으로 어떠한 상황이나 환경에 걸맞는 최상의 이미지를 끌어내는 일련의 과정이라 할 수 있으며, 현재의 나와 내가 되고 싶어 하는 나, 즉 목표로 하는 내 모습의 간격을 좁혀나가는 과정이라 할 수 있다.

이미지메이킹의 기본 원리는 외적 이미지를 강화함으로써 긍정적인 내적 이미지까지도 끌어내는 시너지효과를 얻는 것이다. 이렇게 이미지메이킹은 표정, 용모, 자세, 스피치 등 외적 이미지의 개선이 이루어지면서 자연스럽게 긍정적인 내적 이미지가 구축되어 자신감이 생기고, 이것이 곧 개인 능력의 극대화로 이루어진다는 것이다. 이때 내면과 외면이 일치되는 자연스러움이 나올 때 비로소 이미지를 제대로 만들고 경영했다고 말할 수 있다.

따라서 이미지메이킹 과정은 자신의 현재 이미지 상태를 있는 그대로 점검하여 분석 · 진단하고 궁극적으로 원하는 모습을 정확하게 그려본 후 자신의 직업과 상황에 맞는 가장 바람직한 이미지를 전략적으로 만들어 내어 의도적으로 변화시키는 과정이다. 이를 통해 개인의 호감도를 높여 대인관계 능력을 향상시키고 더 나아가서는 잠재되어 있는 내면의 능력을 밖으로 표출시킴으로써 활동적이고 자신감 있는 사람으로 보이게 하는 것이며, 더불어 신분과 역할에 어울리는 자기표현 기법을 체득하여 개인의 경쟁력을 향상시킴으로써 성공적인 자기실현과 삶의 질을 높이기 위한 자기변화 과정인 것이다.

즉 이미지메이킹은 개인이 진정한 경쟁력을 갖출 수 있도록 도와주는 일종의 전략이며, '나'를 상품화하는 전략이다. 아무리 좋은 상품이라도 효과적인 마케팅을 펼치지 못하면 상품이 창고신세를 면할 수 없는 것처럼, 나의 가치를 높이고 상대방에게 좋은 인상을 심어주기 위해서는 목적에 맞는 올바른 이미지메이킹 전략이 필요하다.

02 개인브랜딩 시대

이미지메이킹은 그 사람의 의상이나 외모만을 이야기하는 것은 아니다. 물론 한 사람의 이미지에는 패션이미지도 상당 부분을 차지하지만 매너, 표정, 에티켓, 스피치, 습관, 행동분석, 오감, 캐릭터, 커뮤니케이션, 헤어 메이크업 등이 총체적으로 포함된 아이덴티티Identity가 이미지로 표현됨을 의미한다.

현대는 나만의 브랜드시대다. 자신의 스타일은 자기 마음을 표현하는 무언의 메시지이며 보여지는 디자인이다. 그러므로 자신만의 아이덴티티를 갖는 것은 무엇보다 중요하고 필수적이다.

1. 나 자신을 위한 이미지메이킹

- 지금 나의 이미지는 어디로 향하고 있는가?
- 지금 나의 이미지는 어디에 포지셔닝 되어 있는가?

- 앞으로 나의 이미지는 어떻게 변화시키고 연출할 것인가?
- 또한 나의 아이덴티티를 어떻게 성공이미지로 각인시킬 것인가?

2. 이미지메이킹의 첫걸음은 좋은 첫인상

『이미지경영』의 저자 매리 미첼은 "첫 이미지를 만들 수 있는 두 번의 기회란 없다. 진실의 순간은 15초라고 하는데, 사람의 첫인상은 처음 7초 이내에 결정된다."고 하였다. 그런데 카밀 레밍턴Camile Lavington은 그의 저서 『첫인상 3초 혁명』에서 "첫인상이 3초 이내에 이미지가 결정된다."고 하였다. 흔히 빠르면 3초 이내, 늦어도 4분 안에 상대에 대한 인상의 80%가 형성되고 이러한 첫인상을 바꾸려면 많은 시간과 노력이 필요하다. 그만큼 첫인상은 사회적 상호작용의 중요한 결정적인 요인이다.

첫인상이란 무엇일까? 처음 대면하는 극히 짧은 시간에 그 사람에 대한 평가와 결론을 내리는 것으로, 처음 보는 사람에 대해 가지는 최초의 이미지이자 타인에게 자신을 개방하는 최초의 단계이다. 첫인상에서 상대의 이미지가 어떤 식으로든 인식되면 계속해서 강력한 영향력을 행사하고 이후의 관계 형성에 키포인트Key Point가 된다(조영신 · 김선희 · 이석호, 2016). 따라서 첫 만남이 이루어지는 대인관계에서 미치는 첫인상의 영향력은 엄청나다고 할 수 있다. 그리고 외견으로 보이는 전체적인 인상, 차림새로 그 사람의 이미지 대부분이 결정된다.

미국 IBM사(社)의 설문조사에서 보면 "성공하는데 가장 중요한 요소는 무엇인가?"라는 질문에, 38%에 달하는 사람들이 "그 사람의 이미지"라고 대답했다. 또한 "옷차림, 자세 등 상대방에게 전달되는 나에 대한 정보를 바꿀 수 있는 방법과 기술을 익히면 좋은 이미지를 전달할 수 있다."고 하였다.

1) 나의 이미지 분석

자신이 내면에 아무리 아름다움을 지니고 있다 해도 그것이 드러나야만 타인에게 인식될 수가 있다. 자신에게 이미지 연출이 필요하다면 '무엇'이 '왜' 필요한지에서 출발하여, 주관적이면서 객관적인 판단을 통해 개선점을 파악하고 자신의 인생 목표에 맞추어 발전할 수 있는 연출 방법을 좀 더 실제적인 측면에서 알아보는 것이 중요하다.

2) 나는 서비스맨에 적합한 사람인가?

'나 자신을 정확히 아는 일'

'자신의 장점과 단점을 발견하기'

'어느 부문을 어떻게 향상시킬까?'

'내 자신의 이미지는 과연 어떠한가?'

본인은 웃고 있다고 생각하는데, 상대방은 그렇게 느끼지 못하는 경우가 있다. 자신이 웃는다고 생각하는 것이 중요한 것이 아니라, 보는 사람이 나의 얼굴을 보고 웃는다고 느껴야만 한다.

3) 성공적인 이미지 창출이란?

이미지메이킹이란, 자신만의 독특하고 창의적인 모습을 찾아가는 하나의 과정이라 할 수 있다. 이미지메이킹은 기존 자신의 모습에서 장점과 잠재력을 끌어내는 것에 중점을 두어야 한다. 내 스스로가 내 이미지에 만족할 때 다른 사람에게도 좋게 보인다.

성공적인 이미지를 창출하기 위해서 무엇보다 중요한 것은 자신의 재능과 능력에 대한 정확한 인식과 그것에 대한 자부심이다. '내가 너무 부족해서', '난 안 될 것 같아', '난 맨날 왜 이러지?' 이렇게 자신을 평가하고 있으면, 상대방도 모두 당신을 그렇게 평가하고 있다는 사실을 명심해야 한다. 나의 모든 것을 부정적인 눈으로만 바라보지 말고 새롭게 긍정적으로 바라볼 수 있어야 한다. 스스로를 사랑하며 자신감 있게 모든 일에 최선을 다하면서 긍정적으로 이미지를 전달하는 이미지메이킹을 위해 노력해야 한다(박혜정, 2013).

- 먼저, 마음을 열어라.
- 자신의 매력을 과소평가하지 말라. 매력은 타고나는 것이 아니라, 만들어지는 것이다.
- 진정한 자신을 발견하라.
- 이미지 모델을 설정하고 행동하라.
- 끊임없이 목표에 맞게 자신을 이미지화 하라.
- 자신의 시간을 이미지경영에 투자하라.

03 첫인상이 마지막 인상

첫인상은 '첫눈에 느껴지는 인상(印象)'이며, 인상은 '접촉한 사물에 대해 마음에 남은 느낌'이다. "The first impression is the last impression(첫인상은 마지막 인상이다)"라는 말이 있는 것처럼, 한 번 준(받은) 첫인상은 쉽게 바꾸기가 어렵다. 예를 들어, 첫인상이 좋은 사람이 성공하면 능력이 있다고 판단하고, 반대의 경우엔 처세술이 있거나 교활한 사람으로 판단한다.

1. 인상 형성의 효과

어떤 사람이든 인상을 형성할 때 한 번에 그 사람에 관한 모든 사실을 다 알고 형성하는 것이 아니라, 몇 가지 사실에 근거해서 전체적인 인상을 종합하게 된다. 인상의 형성에는 여러 가지 효과가 작용하여 영향을 미치게 되는데 초두효과, 부정적 특성, 후광효과 등이 중요한 인상의 형성원리 중 하나이다.

1) 첫인상이 마지막 인상

첫인상이 쉽게 바뀌지 않는 것은 사람의 인식 과정에서 초기정보의 잔상이 계속 이어져 나중의 인상 판단에 영향을 미치기 때문이다. 이를 심리학에서는 '초두효과Primary Effect'라 한다. 초두효과 때문에 첫인상이 좋았던 사람이 잘못된 일을 저지를 때 그 사람을 우호적으로 합리화 하는 경향이 생기기도 한다. 이처럼 첫인상의 힘은 강력하다.

하지만 첫인상이 나빴던 사람이 나중에 더 좋은 인상으로 변하는 경우도 있다. 외적으로는 나쁜 첫인상을 하고 있지만, 만날수록 진실한 내면이 우러나오는 경우가 그렇다. 첫인상의 이미지가 바뀌는 것이다. 심리학자들은 이것을 '빈발효과Frequent Effect'라 한다. 만나서 정드는 사람이 더 오래간다는 말이 있듯이 일시적이고 강력한 자극이 어느 정도 중요하긴 하지만, 미미하게 지속적인 자극도 큰 힘을 발휘한다는 의미이다.

이러한 빈발효과 때문에 우리는 '첫인상으로 선불리 사람을 판단하지 말라'고 조언하기도 한다. 그러나 일상생활이나 회사생활에서 빈발효과의 영향력은 초두효과에 비해 약한 경우가 있다. 예를 들어, 회사 면접이나 맞선의 경우에는 만날 때 받은 상대의(혹은 나의) 첫인상을 나중에 바꿀 수 있는 기회를 갖기가 거의 불가능하다. 초두효과가 많이 부정적인 사람이라면, 더욱더 빈발효과를 기대할 기회기 없다고 생각한다. 첫인상이 마지막 인상이라고 하는 이유도 여기에 있다.

그렇다면 첫인상을 결정하는 시간은 얼마나 될까? 그 시간은 학자마다 다르지만, 4초와 6초라는 학설이 일반적이다. 하지만 최근 미국 프리스턴대학교 심리학 연구팀은 첫인상이 결정되는 시간이 0.1초라는 파격적인 실험 결과를 내놓기도 했다. 결론적으로 짧게는 0.1초에서 길게는 6초까지라는 것이다.

어찌되었든 단 몇 초 만에 당신의 첫인상이 결정된다는 것은 분명하다. 그렇기 때문에 준비된 만남이 아니라, 예상치 못한 첫 만남에서 좋은 첫인상을 주려면 평소부터 이미지 관리를 하는 것이 중요하다. 사소한 습관이 쌓여 완성된 이미지를 만든다. 다시 한 번 기억하자. "첫인상은 마지막 인상이다!"(정혜전, 호감도 100배 인상의 달인, 2009).

2) 초두효과

초두효과Primacy Effect란, 먼저 제시된 정보들이 최종 판단에 부당한 영향력을 가지는 것을 말한다. 어떤 인물에 대해 나중에 제시되는 정보보다는 처음에 제시된 정보가 최종적 판단에 더 큰 영향력을 미친다는 것이다. 이러한 초두효과가 일어나는 이유는 먼저 알게 된 사실로 인해서 뒤에 알게 되는 사실의 의미가 달라지기 때문이다. 인간관계에서 처음 제시되는 정보가 긍정적이면, 나중에 제시되는 정보가 부정적이라도 처음의 정보가 부당하게 영향력을 미쳐 전체 평가를 긍정적 방향으로 나오게 하는 역할을 한다.

3) 부정적 특성

부정적 특성이란, 인상을 형성하는데 있어 긍정적인 특성보다 대체로 더 큰 비중을 갖는다는 원리이다. 어떤 사람에게 부정적 특성이 하나만 있어도, 그 사람에 대한 여러 가지 긍정적 특성을 상쇄시킬 정도로 큰 비중을 차지한다. 예를 들어, 잘생기고 똑똑한 사람이라도 '교활하다'는 부정적 특성 하나가 더해지면 전반적 인상이 현저하게 떨어진다. 이는 다른 사람의 부정적인 면이 내게 피해를 줄 가능성이 많다고 생각되어 부정적 특성에 더 민감하게 반응하기 때문이다. 즉 사람들은 자기가 갖게 될 이익보다 치러야 할 부담에 더 큰 관심을 둔다.

4) 후광효과

후광효과Halo Effect는 한 가지 긍정적 특성을 지닌 사람이 다른 긍정적 특성들도 모두 지니고 있을 것으로 일반화시키는 경향을 말한다. 즉 호의를 느끼는 상대방에 대해 상대방이 보여주지 않는 측면도 긍정적으로 평가를 하게 되는 경향을 말한다(서비스 BASIC, 2004).

5) 첫인상의 3.3.3.법칙

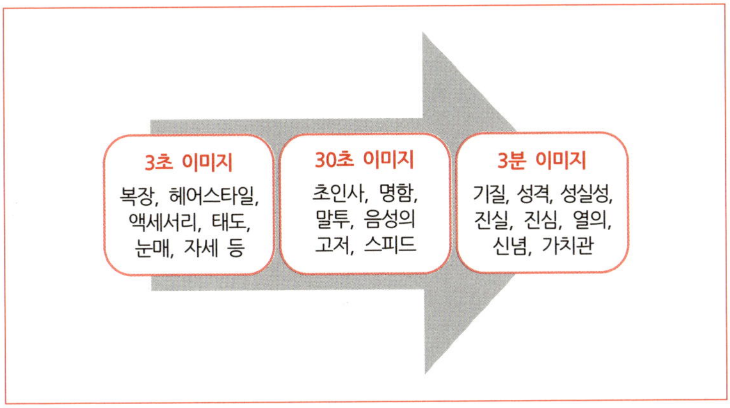

자료 : 한국관광공사 관광교육원(2006)

2. 좋은 느낌의 첫인상은 끝까지

> "겨울이 지나 여름이 되었는데도 앙상한 가지만을 고수하는 나무는 죽은 나무와 같다. 먼저 고정관념을 버려라."
> -이드리스 샤흐

결혼정보회사 '가연'과 '엔비성형외과'가 공동으로 결혼 적령기인 20~30대 미혼 남녀를 대상으로 '더 나은 조건의 배우자를 만나기 위해서라면 성형을 할 것인가?'란 주제로 설문조사를 했다.

조사결과에 따르면, 68%가 '좋은 사람을 만나기 위해서라면 성형도 할 수 있다'고 대답했다. 남성의 57%, 특히 여성의 79%가 성형 긍정론을 내세웠다. 이제 남성들도 여성들 못지않게 외모의 아름다움을 이상형으로 생각하고 있다는 것이다. 많은 미사여구와 수식어가 따라다니지만, 이상형에 대한 취향을 아우르는 말은 추상적인 말 하나가 대신하기도 한다. 바로 그것은 필Feel이다. 즉 느낌이 오는 사람을 만나고 싶다는 이야기와 일맥상통한다.

단어 '필Feel'은 무엇을 의미할까? 자신이 상대방에게서 느끼는 친근한 감정이나 생각, 관점이 통할 것 같은 기분을 말한다. 흔히 '서로 코드가 맞는다'는 의미와 비슷하며, '느낌이 통한다'는 말로도 사용한다. 그러한 필Feel, 즉 느낌은 상대방이 가지고 있는 능력, 생김새, 환경 등이 기본적으로 작용할 수도 있다. 하지만 보이지 않는 감정이입이 좋은 느낌과 나쁜 느낌을 가르는 기준이 되기도 한다.

느낌은 너무나 추상적이고 개인적인 감정이지만, 인간의 오감에 따라 작용한다. 시각, 청각, 촉각, 후각 그리고 미각 등 오감을 유쾌하게 그리고 흥겹게 채워줄 때 느낌이 좋다고 하며, 반대로 오감에 불쾌하게 작용할 때 느낌이 안 좋다고 말한다. 이 느낌은 사람과의 관계에서도 그대로 작용한다. 즉 첫 만남에서 좋은 느낌을 가진 사람의 영향력이 끝까지 이어지는 경우가 많다. 예쁘고 잘생기고 유머감각이 있는 연예인이라도 모든 사람이 좋아하는 것은 아니다. 자신이 가지고 있는 사고나 취향에 맞는 스타일의 연예인을 좋아하게 된다.

이처럼 각자가 가지고 있는 스타일이나 취향에 따라 느낌의 좋고 나쁨은 다르기 마련이지만, 일상생활에서나 비즈니스생활에서 항상 좋은 느낌을 주는 사람들은 분명히 있다. 그들은 누구나 가지고 있지만, 아무나 드러낼 수 없는 능력을 계발함으로써 호감도를 높인다. 그렇다면 호감도를 높이는 가장 기본적인 방법은 무엇일까?

첫째, 표정이 밝고 화사한 사람이 되어라.

예쁜 꽃을 보며 인상을 찡그리는 사람이나, 맑은 하늘을 보며 기분이 나빠지는 사람은 없을 것이다. 시들어가는 꽃을 보는 느낌이나 먹구름이 끼어 있는 하늘을 보는 기분이 들게 하는 사람은, 보는 것도 불편하고 다시 만나고 싶은 생각도 들지 않을 것이다. 피어나는 꽃과 같은 사람, 해맑게 푸른 하늘을 보는 느낌을 주는 사람은 많은 사람들의 마음을 화사하게 만들 것이다.

둘째, 눈빛이 따뜻한 사람이 되어라.

상대에게 전달되는 따뜻함이란 온화한 표정과 눈빛으로 전달될 수 있다. 연인 사이에서 사랑의 눈빛이 필요한 것처럼, 사회적 관계에서도 상대와의 만남이 기쁘고 반갑다는 진심을 보여줄 수 있는 따스한 눈빛을 보여주어야 한다. 상대를 바라보는 눈빛이 차가운 사람이 있다면, 누구나 그의 시선을 피하려고 하지 마주치고 싶어 하지는 않을 것이다.

셋째, 에너지가 느껴지는 사람이 되어라.

오늘 에너지가 충만해 보이는 사람이 있는가 하면, 기분이 좋아도 축 늘어져 있는 사람도 있다. 간혹 피곤할 때 충전을 해야겠다고 말하는 것은 생동감의 에너지를 불어넣겠다는 것을 의미한다. 밝고 생동감 있는 표정으로 말을 하는 사람은 밝은 에너지를 발산한다. 이런 사람은 상대에게도 긍정적인 에너지를 전해준다.

넷째, 편안함을 주는 사람이 되어라.

사람을 불편하게 하는 사람이 있는 반면, 사람을 편하게 해주는 사람이 있다. 전자는 자신의 입장만을 고집하며 상대의 기분이나 의견을 배려해 주지 않는 사람이며, 후자는 자신의 입장만을 내세우지 않고 먼저 상대를 배려하여 편안함을 주는 사람이다. 상대방을 편안하게 하는 첫 단추는 바로 배려의 마음을 가지는 데에 있다.

다섯째, 향기를 가진 사람이 되어라.

향수를 뿌리지 않아도 향기를 주는 사람이 있다. 외모의 완벽함이 아니라, 그 사람이 가지고 있는 느낌으로 향기를 만들 수 있다. 매너 있고 자만심이 아닌, 자신감을 가지고 있으며 자신을 낮출 줄 아는 사람은 그 사람만의 독특한 향기를 발한다. 좋은 향기는 앞에서만 느낄 수 있는 것이 아니라 뒷모습에서도 느낄 수가 있다.

여섯째, 행복의 전도사가 되어라.

만나면 기분이 좋아져 우울함도 가시게 만드는 사람에게서 웰빙Well Being의 기분을 느낄 수 있다. 대화란 주고받는 것이다. 밝은 얼굴로 건강한 대화를 하는 사람은 상대방에게 행복의 기운을 전달한다. 만나면 행복하고, 만나지 않아도 기억에 남는 사람은 자신과 상대방을 모두 행복하게 만드는 사람이다.

3. 메라비언 법칙과 콘텐츠 커뮤니케이션과의 한계

분위기로 전달하는 것은 한계가 있다. 설명을 통해 사람을 움직이려고 할 때는 '콘테스트 커뮤니케이션'이 아니라 '콘텐츠 커뮤니케이션'에 주목해야 한다. 분위기로 모든 의사소통이 가능한 달인이라면 몰라도 보통은 그런 능력은 없으니 말이다.

그런데 이와 관련해 세간에 큰 오해가 있다. 바로 '커뮤니케이션에서 언어(말)로 전달되는 것은 7%'라는 이야기이다. 커뮤니케이션에는 '언어(말)'적 커뮤니케이션과 '비언어(표정, 목소리, 톤, 속도 등)'적 커뮤니케이션 요소가 있으며, 언어와 비언어로 전달할 수 있는 부분이 따로 있다고 보는 것이다. 그리고 "언어로 전달되는 것은 전체의 7%에 불과하다. 중요한 것은 비언어적인 부분이니 이를 연마하자."고 강조한다.

그런데 이것은 잘못된 이야기이다. 애초에 이 '언어로 전달되는 것은 7%'라는 이야기는 미국의 심리학자 앨버트 메라비언Albert Mehrabian이 진행한 실험의 결과에 근거하고 있다. 그는 실험에서 인간의 행동이 타인에게 어떤 영향을 주는지 알아본 결과로, 다음과 같은 '메라비언의 법칙'을 발표하였다.

• 시각적 요소(외양, 표정, 몸짓 등) : 얼굴 표정 등에서 받는 영향(55%)

- 청각적 요소(목소리 톤, 속도, 말투 등) : 말투 등에서 받는 영향(38%)
- 언어적 요소(말 자체의 의미, 이야기 내용 등) : 말 자체에서 받는 영향(7%)

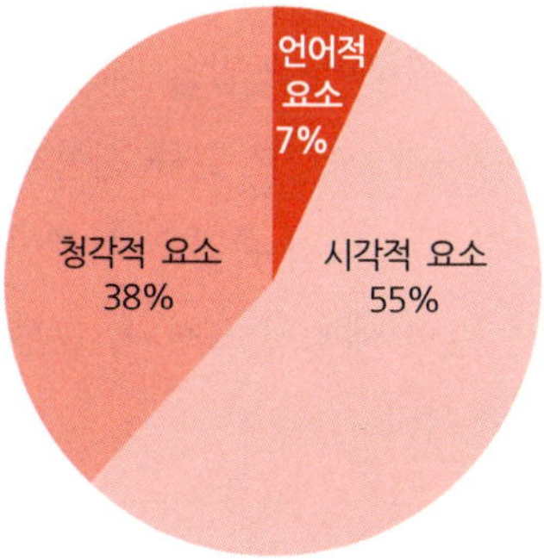

앨버트 메라비언(Albert Mehrabian) 법칙

즉 메라비언의 실험 결과를 바탕으로 "언어는 전체의 7%밖에 전달하지 못한다. 나머지 93%는 외양이나 말투 등으로 결정된다."고 말하는 것이다. 하지만 이 실험 결과에 한 가지 조건이 붙는다. 바로 다음과 같이 '언어', '청각', '시각'에 대해 각각 모순된 정보가 부여된 경우에 해당한다는 것이다.

- 화를 내면서 "당신 덕분입니다!"라고 말할 때
- 방글거리면서 "그건 납득이 안 됩니다."라고 말할 때
- 자신만만한 목소리로 "음, 요구하시는 수준을 실현할 수 있을 것 같지 않네요."라고 답할 때

위와 같이 말하는 메시지에 일관성이 없는 경우에 언어 · 시각 · 청각 중 어느 요소에 영향을 받는지 실험한 결과가 다음과 같았던 것이다.

메시지와 태도에 일관성이 있을 경우에는 '언어(말)'의 내용이 커뮤니케이션

에서 차지하는 비율이 7%라고 할 수가 없다. 어떤 말을 하느냐에 따라 상대방이 이해하는 내용이 달라질 것이다. 어떤 경우에도 말을 사용하지 않고 목소리의 톤과 얼굴 표정만으로 93%의 커뮤니케이션이 가능하다는 이야기는 아님을 알아두어야 한다. 사실 생각해 보면 당연한 이야기이다.

말을 사용하지 않고 회의가 가능한가? 말을 사용하지 않고 상담이 가능한가? 말을 사용하지 않고 스피치가 가능한가? 말을 사용하지 않는 커뮤니케이션은 "내가 하고 싶은 말을 표정과 목소리의 톤만으로 헤아려 주세요."라는 것과 같다. 보통의 의사소통에서는 말이 매우 중요하다. 콘텐츠(내용)를 오해 없이 전달하는 수단은 역시 말인 것이다.

쉬어가기 **첫 만남에서 항상 유념해야 할 것들!**

- 다시 볼 사람이라는 것을 명심하라.
- 내 주변 사람들과 항상 연결될 수 있다는 가정을 버리지 말라.
- 잘난 체보다 전문가임을 보여 주어라.
- 내 스타일만을 고집하지 말라.
- 상대의 자존심을 건드리지 말라.
- 협상은 서로가 주고받는 것임을 인정하라.
- 조언하지 말고 먼저 상대의 의견을 물어라.
- 마지막 기회라는 마음으로 상대를 대하라.

제2장

매너

이 미 지 메 이 킹

매너와 커뮤니케이션 스킬

01 매너와 에티켓

"유능한 사람은 언제나 배우는 사람이다."
–괴테 1. "자신만의 매너와 에티켓을 만들어라."

에티켓Etiquette은 예의범절을 뜻하는 것으로, 프랑스어의 동사 ètiqueter(붙이다)에서 유래된 말이다. '나무 말뚝에 붙인 표지'라는 의미로 프랑스 궁전의 각종 예법을 말한다. 이 에티켓은 베르사유 궁전의 화단에는 사람들이 들어가는 것을 막기 위해 출입금지 푯말이 붙어 있었다고 한다. 그 푯말에는 이렇게 적혀 있었다. "화원을 다치지 않게 하는 것이 사람들의 마음을 다치지 않게 한다." 그만큼 루이 왕정의 엄격함과 지위가 드러나는 대목이라 할 수 있다.

대인관계에서 매너와 에티켓이 좋은 사람이 되기 위해서는,

- 상대를 배려하는 마음을 가져야 한다.
- 역지사지(易地思之)의 마음으로 상대의 입장을 헤아릴 줄 알아야 한다.
- 신뢰의 이미지를 심어주어야 한다.
- 시간을 잘 지키는 사람이 되어야 한다.
- 신중함의 이미지를 주어야 한다.
- 공손하며 긍정적인 인상을 주어야 한다.
- T.P.OTime Place Occasion에 맞는 용모, 복장을 연출해야 한다.
- 바른 자세와 태도를 습득해야 한다.
- 사람과 상황에 따른 언어 사용을 해야 한다.
- 비즈니스 매너와 에티켓을 습관화해야 한다.

1. 매너와 에티켓의 차이점

오늘날 에티켓은 "남에게 폐를 끼치지 않으며, 남에게 호감을 주고 남을 존경한다."는 의미를 담고 있다. 흔히 '매너'라고도 사용한다.

매너Manner는 manuarius라는 라틴어에서 생겼는데, manus와 arius라는 말의 복합어다. 전자는 hand라는 뜻으로 '손 이외에 행동과 습관'을, 후자는 more at manual, more by the manual로서 '방법 · 방식'의 의미를 지닌다. 즉 매너는 사람마다 가지고 있는 독특한 습관이자 마음가짐에서 나오는 몸가짐Behavior으로 인간의 행동방식으로 정의한다.

매너Manner는 생활 속에서의 관습이나 규칙이 습관화 된 것이고, 에티켓은 보다 고도의 규칙, 예법, 의례 등 사람이 지켜야 할 하나의 약속된 규범을 의미하는 것이다. 에티켓은 사람들 사이의 합리적인 행동 기준이자 행동의 형식이라면, 매너는 표출된 습관이자 이를 행동으로 나타내는 방식이다. 즉 사람을 만났을 때 인사를 하는 것은 에티켓의 문제이며, 그 인사를 어떻게 하느냐, 즉 공손하게 하느냐 그렇지 않느냐는 매너의 문제이다.

에티켓Etiquette은 스스로의 행동을 보다 단정하게 하고 사람들과의 관계를 부드럽고 원만하게 하기 위해서 하는 일종의 사회적 약속이라 할 수 있어 공공의 의미를 내포하고 있다면, 매너Manner는 타인과의 교류 시에 상대방에게 불쾌감을 주지 않기 위한 몸짓이나 마음 씀씀이로 어떤 일을 할 때 개인마다 생겨난 습관으로 개인적 · 개별적 의미를 많이 내포하고 있다.

에티켓은 국가나 지역의 문화와 관습에 따라 다를 수 있어 타 문화에 대한 이해를 필요로 하지만, 매너는 기본적으로 배려와 존중이라는 이타적 정신을 바탕으로 한다는 점에서 국경, 관습, 문화를 초월한다고 할 수 있다. 또한 에티켓Etiquette은 '지킨다, 지키지 않는다' 혹은 '있다, 없다'로 예의의 유 · 무를 표현하는 반면, 매너Manner는 '좋다, 나쁘다'로 예의를 질적으로 평가하는 말로 사용되고 있다. 매너는 '아침, 점심, 저녁 상황에 따라 인사하는 방법'으로 표현하고,

에티켓은 '사람을 만나면 인사를 해야 한다'로 평가하는 말로 사용되고 있다. 따라서 에티켓은 지키지 않으면 개인의 인격과 교양을 가늠할 때 마이너스가 되는 것이며, 매너는 좋을 경우 플러스가 되는 것이다.

에티켓과 매너의 차이

에티켓	매 너
행동 기준	표출된 습관 또는 몸가짐
행동의 형식(form)	행동의 방식(way)
공공의 의미를 내포	개인적 · 개별적 의미를 내포
국가나 지역의 문화와 관습에 따라 상이	국경, 관습, 문화를 초월
'있다, 없다'의 유 · 무로 평가	'좋다, 나쁘다'의 질적인 평가
(예) 사람을 만나면 인사를 해야 한다.	(예) 경우와 상황에 따라 인사하는 방법(아침, 점심, 저녁 인사와 인사 각도의 차이)

자료 : 김지아 외(2015), 글로벌매너 5W1H; 조영신 · 김선희 · 이석호(2016), 서비스매너

02 동 · 서양의 매너 및 예절

글로벌매너란, 다양한 인종과 문화가 존재하는 국제사회 속에서 상대방과 상황에 맞는 에티켓과 매너를 알고 행동하는 예의범절을 의미한다. 그러므로 그 출발점은 상대방에 대한 배려의 마음이며 글로벌매너의 출발점이 된다. 따라서 글로벌매너는 타인의 문화적 배경에 입각한 생활양식, 행동규범, 가치관 등을 이해하는 것으로 시작해야 한다.

이에 글로벌매너는 타인과 잘 어울리고 함께 살아가는 기술로서 지식만이 아니라 생활 속에서 몸에 체득되어야 하며, 세련되고 좋은 인간관계를 통해 각자 전공 분야의 전문인이 될 수 있다. 이것이 바로 삶을 잘 사는 방법이며, 곧 이 시대의 경쟁력이 된다.

1. 매너는 문화

국제화 열기가 뜨거웠던 1990년대 중반, 정부건 기업이건 또는 개인이건 할 것 없이 누구나 김포공항을 뻔질나게 드나들고, 말끝마다 '세계화' 또는 '국제화'란 단어를 섞어 쓰지 않으면 시대에 뒤떨어진 촌놈으로 취급받던 시절이다. 이러한 범국가적 차원의 국제화 열기에 편승하여 세계시민의 기본소양인 에티켓이나 매너에 대한 교육 수요가 엄청나게 많아져 서울이건 지방이건 할 것 없이 전국을 누비며 강의하느라 정신이 없을 때의 일이다.

어느 날 같은 직장에서 교육을 담당하는 선배가 문득 이런 질문을 해왔다.

"박 과장은 매너 전문가지, 문화 쪽은 아니지?"

"네?, 문화Culture하고, 매너Manner하고 다른 건가요?"

무역상사맨에서 국제화 교육 담당 그리고 산업체 강사로 전환한 십여 년의 강의경력 중 나를 가장 당혹하게 한 질문이다. 에티켓이나 매너를 '왜 그렇게 해야 하는가Know-why?' 중심의 인식을 바탕으로 한 인성교양 교육이 아니라, 외적 행동의 변화만을 목적으로 한 태도 교육Know-how에 치중했던 자신을 뒤돌아보게 한 훌륭한 충고가 아니었나 싶다.

아직까지 많은 사람들은 매너나 에티켓이 단순한 소양이나 단편적인 행동규범이라고 생각하는 것 같다. '로마에 가면 로마법대로 따르라'는 옛 속담에만 충실하면 어디에 가든 문제가 없고, 매너나 에티켓에 관련된 책 몇 권 읽으며 짙은 화장과 짧은 치마 차림을 한 미녀 강사들의 매너 강의 몇 번 들으면 곧 세계시민이 될 것 같은 착각에 사로잡힌다.

정부의 국제협력 관련 부서의 고위직 간부들이나 초일류 기업이라 자처하는 대기업의 CEO들조차 상대방의 문화에 대한 이해나 커뮤니케이션, 그리고 그러한 문화적 배경에서 파생된 매너나 에티켓이 국가 간의 교섭에 왜 필요한지, 기업 간의 비즈니스에 얼마나 치명적일 수 있는지를 인식조차 못하고 있다. 그들은 매너나 에티켓을 단지 일회성 교양 또는 개인기로 치부하여 훌륭한 신토

불이 전사들에게 몇 시간의 초단기 주입식 강의에 참가하게 한 후 곧바로 외국으로 또는 외국인과의 협상자리로 내몬다.

에티켓Etiquette은 단순한 규칙이나 규범의 차원을 넘어 문화Culture의 산물이다. 아니 문화 그 자체라고 말해도 과언이 아니다. 매체화되지 않은 한 사례이지만, 케냐로 파견된 선교사가 현지 마사이족에게 선교전략의 일환으로 그곳의 아이들을 목욕시키기 시작했다. 이러한 행동은 현지 부족의 관심을 끌며 위생에 대한 인식을 높였다. 그 결과 선교사는 깨끗해진 마사이족들의 환영을 받으면서 현지에 교회를 짓는 등 선교활동을 활발히 할 수가 있었다. 하지만 어느 날 목욕을 마친 마사이족 성인이 사자에 물려 죽는 바람에 선교활동이 위태롭게 되고 말았다. 마사이족은 전통적으로 야생동물이 달려들지 못하도록 얼굴을 포함한 몸 등에 갖가지 냄새가 나는 칠을 했었다. 외국인의 관점에서 그 칠은 냄새나며 더럽고 비위생적일 수 있지만, 야생에서는 그들의 보호수단이 되었던 것이다.

또 한 예로, 멕시코의 모 주재원은 다른 사람들이 보는 앞에서 현지 종업원을 심하게 나무랐다. 체면이 깎인 그 현지인은 며칠 후 권총으로 그 주재원을 살해했다. 또 다른 예는, 베트남에 공장을 차린 어느 중소기업 사장은 현지인들이 "어이!('여보세요'의 뜻)"라고 부르는 것을 한국식 '어이'로 착각하여 건방지다고 혼을 냈다가 외국인 1호로 베트남 감옥에 갇히는 수모도 겪었다.

이런 극단적인 사례 외에도 사소한 에티켓 문맹으로 인한 사고는 끝이 없다. 전 야구선수인 박찬호도 처음 미국 LA다저스에 입단한 후 수훈을 세운 신입단원에게 행하는 루키 신고식(정식 단원이 되는 신고식으로 선수의 옷을 자르는 구단의 관계)에 반발하여, 현지 문화를 이해하지 못했다는 빈축을 사기도 했다. 또 골프 스타 박세리의 아버지는 박세리가 98년 US오픈에서 우승을 하자, 그린으로 뛰어들어 '장한 딸'을 부둥켜안았다. 그 바람에 챔피언 가족의 매너는 우승감이 못된다고 소개되었다. 예절의 대명사인 골프에서 우승자는 맞대결을 펼친 상대방과 악수를 나누고, 함께 고생한 캐디와 기쁨을 먼저 나누는 것이 관행이었던 것이다.

에티켓Etiquette을 지키는 것은 문화를 배우는 것이요, 문화Culture를 배우는 것은 자기중심적인 태도에서 벗어나 상대적이고 객관적인 안목으로 상대방을 이해할 수 있는 인식의 지평을 넓히는 일이다.

문화에 뿌리를 둔 에티켓을 배우는 것은 이제 더 이상 '선택사항'이 아니라 세계화 시대에 살아남기 위한 '필수사항'이요, 복잡한 21세기의 변화를 주도해 나갈 글로벌 리더들의 핵심 역량이다.

'자, 이제부터'라고 마음의 문을 활짝 열고 세계인들과 더불어 사는데 잊어서는 안 될 매너Manner나 에티켓Etiquette에 대한 인식을 바꾸어 보자. 그래야 더 이상 한국 사람들이 개고기 먹는다고 놀리고, 일본인들이 국그릇을 들고 먹는다고 상놈이라 놀리고, 프랑스 연인들이 길거리에서 진한 사랑을 속삭인다고 손가락질하고, 브라질 사람들이 시간 관념이 없어 게으르다고 말하는 세계화 시대의 소시민들이 사라질 것이다.

2. 동 · 서양의 예절

1) 국내 예절과 외국 예절

우리는 국제화시대에 살고 있다. 바야흐로 전 세계가 거의 동시생활권이라 해도 지나침이 없다. 우리나라를 찾는 외국인은 각기 언어와 생활습관을 달리하는 잡다한 사람들이고, 우리는 그들과 섞여 함께 생활해야 한다. 반면에, 우리도 세계 어느 나라에라도 무시(無時)로 왕래하면 그들 속에 살게 된다. 생활습관이 다른 외국인 간의 예절은 어떻게 하는 것이 좋을까? 나의 예절로 하는 것이 좋을까? 너의 예절로 하는 것이 좋을까? 이에 대한 대답이 중국의 기본 예절서인 『예기(禮記)』에 분명하게 제시되고 있다.

"예절이란, 가장 마땅한 것을 따르는 것이고, 남의 나라에 가서는 그 나라의 풍속을 따르는 것이다(禮從宜 使從俗)."

우리나라에 온 외국인에게는 우리의 예절로 상대해야 하고, 외국에 갈 때는 그 나라의 예절을 알아서 행동해야 한다. 우리나라에 온 외국인과의 대인관계에 있어서 그들의 예절을 모르는 것은 흉이 될 것이 없으나, 우리의 예절을 알지 못하는 것에 대해서는 부끄러워야 한다.

반대로, 우리가 외국에 가서 우리의 예절을 내세우면 웃음거리가 될 것이고, 그 나라의 예절에 능숙하면 칭찬을 받게 될 것이다. 우리가 다른 언어 문화권으로 갈 때는 그곳의 언어를 알아야만 생활에 편리한 것과 같은 논리이다. 풍토와 지리에 따라 생활방식이 달라지는 것이기 때문에, 외국에 가서는 그 나라의 생활 관습에 익숙해질수록 합리적인 생활이 이루어지는 것이다.

여러 나라 사람들이 함께 공동 목표를 달성하기 위한 단체생활을 할 때에는 국력, 또는 각자의 기운에 따라 어느 나라의 예절을 적용할 것인가가 결정된다. 흡사 국제회의의 통용어가 국력과 언어세(言語勢)에 따라 결정되는 것과 같다(서명선, 2001).

2) 동 · 서양 예절의 차이

동 · 서양의 예절이 타인을 존중한다는 큰 의미에서는 비슷하나, 여성을 존중하는 서양 문화권과 남성 위주의 동양 문화권의 영향으로 다소 차이를 보인다. 'Lady First', 즉 여성존중 사상은 서양 예절의 기본으로, 동양 문화권의 예의범절과 비교해서 가장 큰 특색이라 할 수 있다. 여성존중 사상은 중세 기사도 정신과 기독교 정신에서 형성된 것으로, 서양인들은 힘세고 강인한 남성들이 약한 여성을 돌보고 보호하는 것이 진정으로 남성의 품위나 힘을 나타내는 것이라 생각하였다.

서양인들은 기본 교양으로 어려서부터 'Lady First'의 예절을 배우고 실천하고 있으며, 이러한 여성존중 사상은 서양예절의 중요한 요소이자 근간이라 해도 과언이 아니다. 아울러 남성이 여성에게 예의를 지키는 것이 당연한 것처럼, 여성 또한 오만불손해서는 안 되며 언제나 친절, 품위, 예의 등을 지켜야 한다.

동양의 예법은 서양보다 훨씬 앞선 2천 5백 년 전 유교(儒教)의 태두인 공자 시대부터 시작되었다. 유교의 영향을 받은 동양 문화권에서는 예절과 관련한 오랜 전통을 가지고 있는데, 중국 고대 유가(儒家)의 경전인 『오경(五經)』의 하나로, 예법(禮法)의 이론과 실제를 풀이한 『예기(禮記)』에는 "예가 없다면 개인이나 가정은 물론 국가도 바로 설 수 없다."고 쓰여 있을 정도로 '예(禮)'를 강조하였다. 이처럼 동양예절은 유교사상에 그 바탕을 두고 있으며, 동양에서는 사회를 유지하는 가장 기본적인 규칙을 예(禮)에 두고 개인과 개인, 개인과 사회, 개인과 국가 사이에 일정한 규칙이 존재하고 사람들이 그 규칙을 지킴으로써 사회가 유지된다고 보았다. 즉 동양예절의 근본은 스스로 자신을 낮추고 비우는 태도로 상대방을 높이고 존중하는 데에 있다고 할 수 있다.

동양에서는 인간의 마음에 호소하여 스스로 예(禮)를 잘 지켜 나가도록 하는 예방적 차원에서 훈육하고 이를 지키는 내면의 진실성에 더 많은 가치를 부여해 왔다면, 서양에서는 강제성을 가진 다양한 법(法)으로 예(禮)를 발전시킴으로써 이를 지키는 외적인 측면을 중시하였다. 그러나 시대, 장소 그리고 나라에 따라 그 형식과 격식은 다르게 행했을지라도, 다른 사람에 대한 배려와 상대방을 존중하는 정신은 동 · 서양 예절의 근본과 동일하다고 말할 수 있다(김지아 · 유정아 · 박혜정, 2015).

3. 신노년 문화의 특성

우리나라 베이비부머는 출생자수를 기준으로 해서 볼 때 1958~1974년생까지라고 할 수 있다. 베이비부머의 첫 주자는 한 해에 80만 명 이상 태어난 1958년 '개띠'인 셈이다. 이들은 올해 62세가 되며, 베이비부머의 마지막 주자인 74년생은 46세이다. 그러므로 베이비부머는 지금 46세부터 62세 사이에 대략 1,600만 명이 몰려 있고 총 인구의 30%를 넘어선다. 이들이 향후 15년이 지나면 61~77세가 되고, 30년이 지나면 76~92세가 된다. 인구의 1/3에 해당하는 숫자가 앞으로 15년 동안은 전기 고령세대가 되고, 30년 후에는 후기 고령세대가 되는 셈이다. 노년층이 된 베이비부머가 양적인 측면에서 사회를 압도하게 되는 것이다.

질적 깊이도 갖추어져 있다. 베이비부머는 현재의 노년층과는 다른 세대의 특성을 가지고 있다. 우선 현재 65세 이상 노인 가구의 학력을 보면 절반 정도가 초졸 이하이며, 중졸과 고졸이 40% 정도를 차지하고, 대졸은 8% 정도에 불과하다. 반면, 현재 50대의 약 30%가 대졸이며, 40대의 50%가 대졸이다. 고졸 이상은 50대가 86%, 40대가 96%에 이른다. 그리고 현재 노년층은 전전(戰前) 세대이고, 베이비부머는 전후(戰後) 세대이다 보니, 전자는 재산이 파괴된 반면에 후자는 전후 복구를 통해 경제가 고성장하는 시기에 자산을 축적했다. 그뿐 아니라 전후 세대는 고성장과 사회보장제도가 마련되는 시기에 성장하다보니 노후의 준비가 훨씬 잘되어 있다. 국민연금제도가 1988년에 실시되었으니 58년 '개띠'는 취직하자마자 바로 국민연금에 가입했다. 완전한 국민연금을 받게 되는 세대인 것이다. 주택보유 비율도 높아서 노후에 임대료로 지출될 부분이 적고, 여차하면 주택연금을 통해 주택자산에서 소득을 만들 수도 있다.

이처럼 베이비부머는 양적 넓이와 질적 깊이를 갖추고 있어 새로운 노년문화를 이끌 체력을 갖추고 있다. 베이비부머가 만들 신노년 문화는 우리나라가 고령사회의 난관을 극복하고 지속 가능한 성장을 이루는데 중요한 역할을 할 수 있다. 베이비부머가 젊은 시절에 경제성장의 일익을 담당했다면, 노년에는 고령사회를 발전적 방향으로 이끄는 역할을 맡아야 한다. 이들이 만들어야 할 신노년 문화는 대략 다음 다섯 가지로 압축해 볼 수가 있다.

1) 신노년 문화는 우선적으로 평생교육 사고를 가진다.

평생교육은 자기계발을 통해 더 오래 일을 할 수 있게 할 뿐만 아니라, 인지적 · 사회적 기능을 잘 유지하여 사회와 지속적인 소통을 할 수 있게 해준다. 100세 시대의 노년은 가보지 않은 영역이므로 배워야 한다. 마치 여행을 가기 전에 그 지역에 관한 안내서를 읽어보는 것과 마찬가지다. 인생 후반기의 자신에 대한 투자는 아무리 강조해도 지나치지 않다.

2) 자신만을 돌보는 삶에서 사회로 눈을 돌리자.

나이가 들면 지금의 나는 주변의 많은 도움을 통해 이루어졌다는 것을 깨닫게 된다. 『나는 걷는다』의 베르나르 올리비에라는 프랑스 저널리스트는 아내를 잃고 실의에 빠졌다가, 걷기를 시작하여 이스탄불에서 시안까지 실크로드를 걸었다. 이후 비행청소년과 함께 길을 걷는 단체를 설립하였다. 우리나라의 경우는 노년 활동 중 가장 부족한 것이 사회봉사 활동이다. 해보지 않고서는 그 효과를 모르니, 일단 시작하기를 권한다.

3) 노년의 예절을 익힌다.

어릴 때는 학교에서 예절을 배우고, 젊을 때는 주변에서 잘못된 예절을 연장자가 지적해 준다. 하지만 나이가 들면 잘못된 행동도 알려주지 않다보니, 세월이 흐르면서 자신도 모르게 외딴길로 빠져버린다. 그뿐이 아니다. 신체노화로 인해 잘 들리지 않거나 보이지 않게 되어, 의도치 않게 실례를 범하기도 한다. 이러다보면 사람 간의 소통이 원활치 않게 된다.

예절은 사람 관계의 윤활유와 같다. 장수시대에 맞는 새로운 예절을 시도해보는 것도 좋다. 예를 들어, 윗사람이 먼저 인사하고 찾아가는 것이다. 앞으로 더 많은 사회와 원활한 소통을 돕는 노년의 예절을 가르치는 곳이 많아졌으면 한다.

4) 세대 통합적 사고를 가진다.

우리 세대뿐만 아니라 세대 전체가 잘 살 수 있는 방안을 모색해야 한다. 앞으로 젊은 세대는 고령세대를 부담하기 어려우므로, 노인 문제는 노년세대가 함께 부담해야 한다. 사회가 잘되어야 노년세대도 안정된 노후를 보낼 수 있다. 유럽의 그리스처럼 경제가 불안해지면 노년의 생활도 위협을 받게 된다.

5) 대의에 입각한 올바른 결정을 내리는데 힘을 쓰자.

국가의 중요한 정책은 투표에서 어떤 공약을 가진 사람을 뽑느냐에 따라 결정된다. 인구의 30%를 차지하면서 투표율 또한 높으면, 투표에 미치는 영향력은 아주 커지게 된다. 이럴 때일수록 세(勢)를 과시하기보다는 대의에 입각한 지혜로운 결정을 해야 한다. 축적된 지식과 지혜는 훈계보다는 현명한 결정을 내리는 데에 사용되어야 한다.

신(新)노년문화 운동이라는 말은 선진국에서 사용되었다. 그러나 '운동'이 아니라 신(新)노년문화의 '혁명'이라 불러야 한다. 우리나라 베이비부머는 양적 넓이와 질적 깊이를 가진 미래의 신(新)노년문화를 만들 세대이기 때문이다. 그 파괴력을 올바른 방향으로 이끌어 고령사회 극복의 주역이 되어야 한다(뉴스1, 2019).

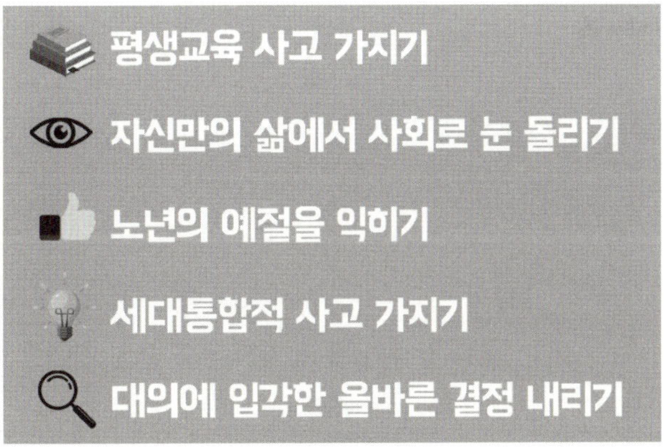

신(新)노년문화의 예절

4. 과거지향 문화와 미래지향 문화

조선시대 역사를 보면, 사화(士禍)나 역모(逆謀)에 연루되어 멸문지화(滅門之禍)를 당하는 일이 많았다. 그리고 이를 통해 목숨을 잃은 사람들 중에는 실제로 역모를 주동하거나 가담해서가 아니라, 권력다툼에 밀리거나 모함으로 희생되는 경우가 허다하다. 이런 역사를 다룬 사극들은 역모와 복수가 매우 많았다.

‘이 대감과 김 대감은 조정을 움직이는 양대 세력가이다. 이 대감의 추종세력들은 정적(政敵)인 김 대감을 제거할 기회를 노리다가 역모사건을 만들어 낸다. 왕이 역모사건의 진위를 아느냐 모르느냐 하는 것은 그리 중요한 일이 아니다. 역모사건과 같이 중대한 사건, 특히 조작된 사건에서 핵심은 누가 권력을 가지고 있느냐이다. 권력을 가진 자가 승자인 것이다. 왕은 힘을 가진 자가 만들어 놓은 프로그램에 따를 뿐이다. 안타깝지만 김 대감과 추종세력들은 반역죄라는 누명을 쓰고 사약을 받아 3족을 멸하게 되고, 부녀자들은 관노로 전락한다. 사형을 집행하러 오는 것을 본 충복 중 한 사람이 김 대감의 어린 아들을 피신시켜 가문을 보전할 수 있게 한다. 피신한 아이는 속세의 눈을 피해 깊은 산속에서 자라며 죽을힘을 다해 무술을 연마한다. 그리고 세월이 흘러 무술의 달인이 되어 하산한다. 하산해서 할 일은 오직 한 가지뿐이다. 그가 지금까지 살아온 목적도, 밤낮으로 무술을 연마해 온 것도 아버지의 원수를 갚기 위해서였다. 그는 하산하자마자 이 대감을 찾아가 평생의 한을 푼다. 20여 년 전 아버지의 원수를 갚음으로써 과거의 한을 푸는데 평생을 바친 것이다. 반면, 이 광경을 지켜본 이 대감의 아들 또는 손자도 집을 등진 채 머리띠를 졸라매고 산으로 간다. 그리고 김 대감 아들을 능가하는 무술을 연마할 때까지 과거의 일을 회상하며 다시 복수를 하기 위해 일생을 보낸다. 끝없이 복수가 되풀이되는 과거지향적인 사고방식의 업보이다.’

우리는 배우자를 선택할 때도 그 사람 자체보다는 결혼한 적이 있느냐, 어느 학교를 나왔느냐 등 과거와 관련된 것을 중요시 하는 경우가 많다. 또 기업에서 사람을 채용할 때도 ‘전과’가 있는 사람은 예외 없이 서류심사에서 탈락시킨다. 반면에, 미국인들은 사람을 평가할 때 과거보다는 앞으로 실현시킬 수 있는 미래이익이나 현재가치를 중요시한다.

바하마에서는 버스운행이 우리나라의 택시운행 제도와 유사하게 이루어진다. 버스기사는 각자 자신의 버스를 소유하고 있으며 요금을 직접 받는다. 버스운행 시간이나 정류장 등 운행 일정표도 기사 마음대로다. 배가 고프면 아무 때나 식사하러 가고, 피로하면 쉰다. 철저히 현재 지향적이다.

과거 지향적인 사람들은 역사와 전통을 중시하기 때문에 장기적인 시간관을 가지고 있다. 일본인들은 종신고용제를 당연하게 여기며, 따라서 사원교육에 장기적인 투자를 한다. 반면에, 미국인들은 현재 지향적이고 전통을 중요시하지 않기 때문에 단기적인 시간관을 가지고 있으며 장기 계획이나 종신고용제를 선호하지 않는다. 교육훈련도 단기간 내에 이익실현이 어렵다고 생각되면 투자하지 않는다.

시간에 대한 우리의 가치관은 과거 지향적이며 장기적이었으나, 미국의 현재지향적인 문화가 잘못 전달되어 극도로 현재 지향적인 한탕주의와 같은 천박한 시간관으로 변질되고 있다. 시간에 대한 가치관은 투자 성향에서도 뚜렷이 나타난다.

주식투자에서 우리나라 투자자들은 미국 투자자들에 비해 이익률이 낮다. 그 이유 중 하나는 우리는 주식을 매입한 후 상황이 변해 미래가치가 나빠질 것을 알아도 과거에 샀던 가격이나 가치에 집착하여 손실을 키우는 경우가 많은데 있다. 주식 가치는 철저하게 미래 가치를 나타내는 것임에도 불구하고 과거 지향적인 사고방식 때문에 손해를 보는 것이다.

이에 비해 미국인들은 과거 가치보다는 미래 가치에 투자한다. 아무리 실적이 좋았거나 현재 실적이 좋은 주식이라도 미래 가치가 낮아질 것이라고 판단되면 손절매를 하여 손실을 줄인다. 주식투자는 이익률은 키우고 손실률은 줄이는 게임이다. 우리나라 투자자들은 이익률은 키우지 못하고 손실률은 대책 없이 높여 전체 투자 수익률을 악화시키는 경향이 높다(계도원, 2009).

03 글로벌시대의 이(異)문화와 문화 충격

1. 글로벌시대와 이(異)문화

문화(文化)는 "인류의 상징체계 혹은 생활양식이고, 또는 사회구성원들의 사고방식과 행동을 규제하는 학습된 신념이며 관습의 총체"라고 정의한다.

커뮤니케이션은 언어적 요소와 비언어적 요소로 나누어진다. 상대방에게 의사를 전달할 때의 언어는 필요조건이지만 충분조건은 될 수가 없다. 따라서 필요충분조건을 갖추기 위해서는 '커뮤니케이션 = 언어 + 비언어(주로 행동 · 사고방식)'가 되어야 한다. 국제사회에서의 언어는 외국어가 될 것이며, 영어가 국제어로 여겨지고 있는 것은 영어 사용 인구가 많기 때문이다. 그러나 국제간 커뮤니케이션에서 말하는 사람과 듣는 사람 간에 각자 문화적 배경의 차이에 따라 비언어가 주는 메시지의 전달에 틈이 발생한다. 가령 A문화권에서는 '친절한 행동'이, B문화권에서는 '건방진 태도'로 받아들여지는 것이 바로 이러한 예가 된다(서명선, 2001).

지구상에는 수많은 문화가 공존하고 있으며, 세계화의 물결 속에 문화 충격을 넘어 문화 충돌의 현상을 보이는 것이 현실이기도 하다. 이러한 문화 충격을 극복하기 위해서는 서로의 문화를 존중하고 이해해야 한다.

예를 들어, 서양인들은 모두 스킨십이 잦고, 인사할 때도 볼에 키스하는 등 과감한 제스처를 사용한다고 생각한다. 그렇지만 실제로는 서유럽이나 북유럽 사람들은 이러한 인사법을 좋아하지 않고 인사하면서 등을 두드리는 등의 과한 스킨십은 오히려 싫어한다. 또한 남미인들이 시간 약속에서 늦을 때 비즈니스를 신뢰할 수 없다고 생각하는 것 또한 속단이다. 이들은 약간의 여유와 느림이 그들의 문화이기 때문이다. 몇 해 전 일본에서 쓰나미가 있었을 때 가족을 잃은 한 일본인은 인터뷰에서 아주 태연한 표정으로 말을 이어나갔다. 속마음을 겉으로 잘 드러내지 않는 일본 사람들의 문화를 보여주는 한 예이다.

일부 나라에서는 어린이에게 귀엽다고 머리를 쓰다듬어 주는 행동은 금기되어 있고, 멕시코나 인디언 그리고 동남아 등에서는 사진을 찍을 때 영혼을 빼앗긴다는 생각으로 꺼려하기도 한다. 또한 중국인의 식사 문화는 첫째, 식사 대접을 받을 때 음식을 조금 남기는 것이 예의이다. 손님이 음식을 깨끗이 다 비우면 자신이 모자라게 준비해서 대접을 잘하지 못했다고 생각하기 때문이다. 하지만 요즘은 음식 낭비를 줄이기 위해 이러한 문화가 점점 사라지고 있다. 둘째, 회전탁자에서 중국요리를 먹을 때 호스트는 큰 접시에 놓인 요리를 공동 젓가락을 이용하여 개인접시에 담은 뒤 손님 앞으로 보내는 것이 관례이다. 손님으로 초대받은 자리라면 옆 사람에게 요리를 덜어줘서는 안 된다. 호스트에게 결례가 되기 때문이다. 호스트가 일일이 개인접시에 음식을 덜어주기보다는, 바로 왼쪽에 앉은 주빈의 접시에만 요리를 한 젓가락 집어서 올려 주기도 한다. 그럴 경우 주빈은 공동 젓가락으로 음식을 먹을 만큼 더 덜고, 회전탁자를 적당하게 돌려 옆 손님에게 음식을 권하다. 이때 회전탁자는 시계방향으로 돌려야 한다.

중국 식탁에서 수저를 사용하는 법은 복잡하지 않다. 손자루가 짧은 중국식 숟가락은 수프를 먹거나 국물이 있는 뜨거운 요리를 먹을 때 쓴다. 왼손에 숟가락, 오른손에는 젓가락을 잡고 요리를 숟가락 위에 얹어 식혀가며 먹기도 한다. 그리고 숟가락을 다 사용했으면 뒤집어 놓으면 된다. 젓가락 사용은 우리와 별로 다를 게 없다. 그러나 젓가락으로 요리를 찔러서 먹거나 젓가락을 핥는 행위는 하지 말아야 한다. 중요한 것은 여러 명이 함께 하는 식탁에서는 어느 나라든 음식이 담긴 그릇에 직접 수저를 갖다 대서는 안 되고, 개인접시에 덜어먹는 게 기본 예의임을 잊지 말아야 한다(김지아 외, 2015; 머니투데이, "中서 대접받은 음식은 남겨라" 삼성맨 '관시' 8계명, 2015.07.12; Sky News, 2013).

쉬어가기 젓가락 문화와 포크 문화

우리는 숟가락과 젓가락으로 음식을 먹고, 서양인들은 포크와 나이프를 사용한다. 수저를 사용하는 것은 농경문화의 생활 습관이고, 포크를 사용하는 것은 건조식품을 먹는 서양 문화권의 습성이다. 같은 농경문화권에서도 우리나라 사람들이 숟가락을 많이 사용하는 것은 국, 찌개, 동치미 등 물기가 많은 음식을 즐겨 먹기 때문이다. 손을 주로 사용하는 사람들은 손놀림이 정교해진다. 또한 콩볶음, 멸치볶음, 도토리묵, 잡채 같은 반찬은 젓가락을 사용하는 기술을 발달시킨다. 그 결과 우리나라 사람들의 젓가락 사용 기술은 세계적인 명물이다. 필자가 아는 미국인 가톨릭 신부에게서 1960년대에 한국에 처음 부임해 왔을 때 느낀 소감을 들은 적이 있었다.

'한국에 와서 잔칫집에 초대를 받았다. 국수와 함께 처음 보는 반찬들이 나왔다. 그런데 포크 대신 젓가락과 숟가락이 놓여 있었다. 다른 사람들이 하는 대로 젓가락을 들고 국수를 휘휘 젓기만 하고 있는데, 상에 같이 앉아 있던 어린아이들이 젓가락으로 검은 콩알(콩자반)을 빠른 속도로 집어먹으면서 한 알도 떨어뜨리지 않는 것이 마치 마술이라도 보는 것 같았다. 그래서 혼자 속으로 이 집 사람들은 중국영화 쿵푸에 나오는 것처럼 소림사에서 무술을 연마한 도사들인가 생각했는데, 다른 사람들도 모두 젓가락을 잘 사용하는 것을 보고 아주 신기했다. 젓가락질을 못해 음식을 마음껏 먹지 못해 속상했다. 그래서 집에 돌아와 밥상 위에 콩알을 올려놓고 내가 직접 만든 나무젓가락(쇠젓가락보다 마찰력이 커서 초보자가 사용하는데 편리하다)으로 콩을 집어 올리는 연습을 1주일이나 했다. 물론 그 후에는 식사 초대를 받으면 내가 만든 젓가락을 비장의 무기처럼 가지고 다녔다.'

신부는 이렇게 젓가락에 대한 경이로움을 새삼 강조하면서 '하하' 웃었다. 우리나라 사람들의 젓가락 사용 기술이 산업에 적용되어 숙련된 기술자를 대량으로 양산했다. 완구, 봉제, 재단, 이용, 미용, 건축, 공작, 도장기술 등에서 국내 근로자들의 숙련도가 세계 최고인 것은 농경문화와 젓가락 문화의 결과이다. 기능올림픽에서 우리나라가 최초 종합우승을 차지한 후 단 한 번도 종합우승의 자리를 내주지 않고 연승가도를 달리고 있는 것도 손재주가 세계 제일인 것을 알 수가 있다.

포크를 사용하는 사람들이 우리의 일상화된 손재주를 능가하기란 불가능한 일이다. 따라서 우리는 손을 사용하는 산업에서 비교우위 이익을 실현해야 한다. 우리의 정교한 손기술은 과거에는 봉제완구 등 노동집약적인 산업에서 경쟁우위 요인이 되었으며, 산업이 고도화되면서 반도체, 체세포 복제 줄기세포 연구에 핵치환 기술과 같이 초정밀 제품과 연구에 밑거름이 되고 있으므로, 향후에도 이 요인을 활용한 제품과 서비스 개발로 글로벌 경쟁력을 확보하는 것이 바람직하다.

– 계도원(2009)

2. 문화 간 접촉

21세기 현재 지구상에 존재하는 전 세계는 대략 195여 개국이 존재한다. 이러한 세계 각국의 나라는 각각의 고유한 문화Culture와 언어, 종교를 가지고 있다. 이들 각기 다른 문화들은 사람들이 최초로 부족을 이루고 살았던 초기 문명시대에서, 서로 다른 부족민들이 만나 차이점을 발견할 때마다 문화 간 접촉이 일어났다. 이후에 문명이 발달함에 따라 무역업자들, 선교사 그리고 침략자들 모두 자신과 다른 문화를 가진 이방인들과 접촉하게 됨으로써 문화 간의 접촉은 점차 확대되었다.

근래에 들어 문화 간 접촉을 촉진하는 요인으로 교통과 정보시스템의 발달을 들 수가 있다. 이 두 분야의 발달은 문화 간 접촉을 계속 가속화하고 용인하게 되었다(김지아 외, 5W1H, 2015).

3. 문화 충격

인간은 자기가 자란 문화와 다른 문화를 만나게 될 때 충격을 체험하게 된다. 이제까지의 사회생활에 적응하면서 익숙해진 수단이 이문화(異文化)에서 별로 효과가 없기 때문에 심리적인 혼란이 일어나게 된다. 또한 서로 다른 문화 접촉의 기회가 점점 확대되고 빈번해짐에 따라 많은 충돌을 일으키고 이로 인해 갈등으로 번지기도 하였다.

1954년에 인류학자 칼레르보 오베르그Kalervo Oberg가 문화 충격이라는 용어를 처음으로 소개했는데, 문화 충격은 상호작용 및 의사소통의 연구 분야이다(위키백과, 2019).

이 문화에 대한 심리적 혼란이 일어나는 반응을 일반적으로 '문화 충격컬처 쇼크; culture shock'이라고 부른다. 이와 같이 문화 충격을 정의하면, 한 사람이 새로운 다른 문화적 환경에 놓였을 때 문화적응 과정에서 익숙해진 언어 및 비언어적 표현 방식을 상실함으로써 겪는 스트레스나 불안한 감정을 표현하는 심리적인 현상을 표현하는 용어이다.

이문화(異文化)에서 자란 사람끼리의 생활에서는 각자가 자신의 문화 속에서 몸에 익혀왔던 패턴으로 접촉하게 된다. 자신은 무의식적으로 이질(異質)의 방식으로(자신은 정상이나 상대가 볼 때에는 이질이 된다) 상대를 대응하고, 그래서 서로 불일치나 위화감이 일어난다. 이와 같은 문제는 불일치 · 위화감 그 자체가 아니라, 그 결과로서 일어나게 되는 심리적 부적응 상태를 '문화 충격(컬처 쇼크)'이라고 한다. 예를 들면, 우리나라에서는 수저를 이용하여 식사를 하는데, 인도에 가면 손을 이용해서 음식을 먹는다. 우리는 머리를 숙여 인사하지만, 지중해연안 국가들은 볼에 입을 맞추며 인사를 나눈다. 심지어 물 부족국가인 탄자니아의 마사이족은 환영하는 의미로 침까지 뱉는다. 이렇게 우리와는 다른 문화를 접하게 되었을 때 일반적으로 문화 충격을 받는다.

따라서 우리가 문화의 본질을 이해할 때 문화 충격은 좀 더 쉽게 극복할 수 있다는 것이다. 그러나 문화 충격을 받는다는 것은 보이는 현상만을 보고 그 문화의 저변을 이해하지 않았기 때문이며, 그 문화의 본질을 이해할 때 좀 더 쉽게 극복될 수 있다. 따라서 국제사회에서 활동하여 성공적인 인간관계를 갖기 위해서는 상대의 문화적 배경에 입각한 생활양식 · 행동규범 · 인생관 · 가치관을 사전에 이해함으로써 서로간에 감정적 충격 · 인지적 불일치가 일어나지 않도록 해야 한다. 다시 말하면, 문화 충돌Culture Crash을 예방하는 것이 국제인의 기본 자질이 될 것이다(김지아 외, 2015; 서병선, 2001).

4. 글로벌 비즈니스 문화

1) 영국의 비즈니스 문화

영국 비즈니스 문화는 나이가 많은 사람이 존중을 받으며 이들의 권위적인 태도도 비교적 잘 수용되는 문화이다. 비즈니스 상담에서 유머는 중요한 역할을 하며, 다양한 조크와 일화는 도움이 되므로 상담에서 이런 능력을 최대한 활용해야 한다.

(1) 접대 문화

영국의 비즈니스 접대는 대부분 레스토랑이나 바에서 이루어진다. 서로 잘 알게 될 때까지 사업 파트너를 집으로 초대해서는 안 되고, 그리고 접대는 점심에 주로 하며 비즈니스 협상은 식사 후 사무실에서 이루어진다.

(2) 시간과 약속

사교를 위한 약속일 경우, 영국인들은 약속시간 엄수보다는 시간보다 조금 늦게 만나는 것에 습관화되어 있다. 이러한 관행은 사업 영역에까지 확장되어 있다. 대부분 사람들은 일반적으로 출근, 회의, 점심에 10분 정도를 늦는다.

(3) 에티켓

영국에서는 등을 두드리거나 껴안는 동작과 같은 신체적 감정 표현은 바람직하지가 않다. 대화를 나눌 때도 상대방과 일정한 거리를 두고서 해야 한다. 특히 대화의 화제 중 영국인들의 독특한 전통과 관습, 영국의 왕가에 대한 농담은 절대적으로 삼가야 한다. 또한 일상 대화에서도 영국인의 신념을 건드리는 대화는 삼간다(CS교육비즈니스매너, https://mkby0908.blog.me, 2019).

2) 중국의 비즈니스 문화

해외 바이어가 한국 방문에 대한 기념으로 선물을 줘야 할 경우가 있다. 이럴 땐 국적에 따라 선물에도 주의가 필요하다. 중국에서는 시계를 나타내는 중국어 발음이 '끝, 죽음'과 비슷한 발음이기 때문에, 시계는 우호의 선물로는 적절하지 않다(한국관광협회중앙회, 코리아그랜드레저; 여행신문, 2015).

(1) 가위는 금물

가위는 두 토막으로 동강을 낸다는 이미지를 가지고 있다. 또한 날이 날카로워 무기로도 사용될 수 있으므로 선물로는 적당하지 않다.

(2) 선물의 개수

중국인은 짝수를 좋아한다. 따라서 선물도 가능한 범위 내에서 짝수로 하는 것이 좋다. 이는 좋은 일이 계속된다는 의미의 '하오스청솽'이라는 관용어와 관계가 있다. 물론 비싼 선물을 두 개씩 할 수는 없지만, 일반적인 선물은 짝수를 맞추는 것이 좋다.

(3) 의미를 가진 숫자

중국인이 숫자에 의미를 부여한다는 것은 잘 알려진 상식이다. 2008년 베이징올림픽 개막시간은 8월 8일 8시 8분이었다. 이처럼 중국인은 8을 엄청 좋아한다. 숫자 8은 상 · 관습과도 연결되어 있다. 8의 발음 '바'는 '부자 되세요'라는 뜻을 가진 새해 인사말 '꽁시파차이'의 '파'와 발음이 같다. 그래서 중국 일반인들에게 숫자 8은 서양의 럭키 7과 같은 행운의 의미를 갖는다.

숫자 6의 발음은 '리우'인데 만사가 순조롭게 진행된다는 의미를 내포하고 있다. 유통과 흐름을 뜻하는 '리우'와도 발음이 같아, 특히 사업하는 사람들에게는 8 이상으로 환영받는 숫자이다.

다음으로 선호하는 숫자 중 하나는 9이다. 예로부터 중국에서 9는 황제의 숫자로 여겨져 왔다. 하늘을 9개로 나누어 가장 높은 곳에 천자, 즉 황제가 위치했다. 그리고 천자의 생일은 1월 9일이었다. 그리고 황제는 1년에 9번 제사를 지냈고, 베이징에는 9개의 문이 있으며, 자금성 안에는 9개로 장식된 가로등 · 문고리 장식 등이 배치되어 있다. 또한 9는 오래 산다는 의미를 가진 '지우'와 발음이 같아서 선호한다.

반면, 중국인이 싫어하는 숫자도 있는데, 대표적인 것은 4이다. 우리나라와 마찬가지로 죽은 '사'와 발음이 같아서다. 그리고 숫자 7도 선호하지 않는다. 이는 화가 난다는 '성치'와 발음이 같기 때문이다. 이러한 의미를 지닌 숫자들은 중국 실생활에서 경제적 가치로 환산된다. 대표적으로 전화번호와 자동차 번호에 6, 8, 9가 들어간 번호는 그렇지 않은 것보다 몇 배 더 높은 가치로 시장에서 거래된다. 그리고 백화점 제품 가격도 끝자리를 6이나 8로 맞출 때가 많다. 중국 비즈니스 현장에서는 이러한 숫자를 활용한 마케팅을 염두에 두어야 한다(에이치앤컨설팅, 2015).

3) 베트남의 비즈니스 문화

베트남에서 첫 비즈니스 접촉은 전통적으로 대부분 소개에 의해 이루어지는 것이 관례이다. 최근에는 인터넷, 무역박람회, 카탈로그, 브로슈어, 광고 및 이메일, 전화 등을 통해 직접 접촉 또한 가능하다.

미팅은 매우 공식적인 것으로 간주하며, 약속시간에 앞서 단지 1주일 전에 확약Confirm을 해 줌에 따라, 신청자가 그때까지 다른 일정을 잡기 어려운 것이 현실이다. 그리고 미팅 1~2일 전에 재확인하고, 파트너와 접촉하여 참석자 명단 및 직위 등을 확보하는 것이 필요하다. 거래 상담을 위한 회의는 보통 자신의 사무실에서 편안한 분위기 아래 진행하기를 희망하며, 면담 장소에서는 간단한 악수 및 인사말을 한 후에 Host측이 환영 인사를 하고, 이어 방문자측이 답사를 한다. 베트남의 인사는 '직함+전체이름'으로 부른다. 예를 들어, 'Chairman Nguyen Van Nam'으로 부른다.

베트남 초청자측이 오찬만을 대접할 경우 반드시 감사의 표시로 리턴 초대하는 것이 예의이며, Host측의 건배 제의를 시작으로 상호 건배를 제안한다. Host측이 건배를 제의할 때 최고 선임자나 연장자를 보고 일어나 양손으로 술잔을 들며 간단한 덕담을 해야 한다. 또한 헤어질 때는 자리에 참석한 모든 사람들과 악수하고 감사를 표시해야 한다(베트남대사관, 2008).

쉬어가기 우리와 다른 외국문화

- 카네이션은 우리에겐 어버이날 달아주는 축하의 꽃이나 프랑스, 영국, 미국에서는 '죽음'을 의미하므로 장례식에서 쓰는 꽃이다.
- 사진을 찍을 때 멕시코 인디언이나 동남아에서는 영혼을 빼앗긴다는 생각으로 꺼려할 수 있으므로, 사진을 찍기 전에 반드시 물어보아야 한다.
- 우리를 비롯한 많은 국가에서는 빠르게 걷는 것은 바쁘게 사는 현대인의 일상으로 생각한다. 그러나 남미에서는 서두르는 문화가 아니기 때문에 일상생활에서 빠른 걸음을 재촉하는 사람은 거의 없으며, 우왕좌왕 빠른 걸음을 재촉할 때는 심지어 소매치기로 오해받을 수도 있다.
- 인도에서는 결혼을 할 때 신부가 거액의 지참금을 주어야 하지만, 캄보디아의 경우에는 신부에게 지불금을 건네고 처가살이부터 결혼생활을 시작한다.
- 보편적으로 공연에 대한 열광으로 휘파람을 부는 것과는 달리, 러시아 공연단에게는 절대 휘파람을 불어서는 안 된다. 러시아인들에게 그것은 찬사의 의미가 아닌 불만족의 표현이기 때문이다.
- 멕시코나 아르헨티나 등에서는 장례식 때 박수를 치는데, 이는 죽음을 하느님 곁으로 가는 천국의 축복으로 인식하는 그들의 종교적인 인식 때문이다.
- 인도에서는 사람들이 굶어 죽을지언정 소를 먹지 않고, 길거리에 소들이 즐비하게 누워 있어도 피해서 걸어간다. 이는 그들이 믿는 힌두교 전통에 소를 '신이 타는 마차를 끄는 신성한 동물'로 인식하기 때문이다.
- 한국과 일본에서는 손가락으로 하는 링 사인이 돈으로 해석될 수 있지만, 남부 프랑스에서는 '무가치함'을 의미한다. 또한 미국이나 서유럽에서는 'OK 표시'로 받아들여지지만, 브라질 등 남미에서는 음탕하고 외설적인 사인으로 간주된다.
- 대부분의 유럽 국가에서 손바닥을 바깥쪽으로 향하여 V자 사인을 보내면 '승리'란 의미로 해석된다. 그러나 동일한 제스처가 그리스에서는 지독한 욕이 된다. 그리스인들은 영국인이나 프랑스인들과는 정반대로 승리의 사인을 할 때 상대방에게 손등을 보이면서 두 손가락으로 V자를 만든다. 그러나 이러한 그리스형 승리 사인은 영국이나 프랑스에서는 '꺼져버려'라는 의미로 통한다. 이 제스처는 백년전쟁 때 영국군이 프랑스군 포로들의 손가락 두 개를 잘라 활을 쏠 수 없게 만든 데서 유래한 것으로 알려지고 있다.

– 김지아 외(2015). 5W1H; 박한표(2006)

제3장

커뮤니케이션 스킬

이 미 지 메 이 킹

매너와 커뮤니케이션 스킬

01 서비스 커뮤니케이션

대화의 주목적은 커뮤니케이션이다. 즉 서로 의견을 주고받기 위해 대화하는 것이므로 공동의 화제가 있어야만 원활한 대화를 나눌 수 있다. 대화란 주고받는 것이다. 하지만 그 주고받는 것이 꼭 말이어야 할 필요는 없다. 많은 전문가들이 대화 능력을 키우기 위해 이런저런 대화 스킬을 배워야 한다고 말하지만, 실제 대화에서는 그런 것들이 그다지 중요하지 않다.

예를 들어, 화술에 관한 책을 읽다보면 "상대와 눈을 마주쳐라", "흥미로운 주제들을 준비하라", "들은 내용을 되풀이하면서 호응해줘라"라는 말들이 나온다. 혹시 화법에 대한 책을 읽고 이런 스킬들을 대화에 적용해 본 적이 있는가? 아마 있다고 해도 기억이 잘 나지 않을 것이다. 대화를 나누다 보면 스킬Skill 같은 것은 금세 잊어버린다. 대화에서 스킬이 결정적 요소가 아니라는 건 똑똑한 사람들과의 대화에서 더 분명하게 알 수가 있다. 당신은 무척 말도 잘하고 똑똑하다고 평가받는 사람들과 대화를 나누어 본 적이 있을 것이다. 그들은 아는 것도 많고, 매우 논리적이며 말도 유창하다. 그런데 그들과의 대화가 즐거웠는가? 아마도 그렇지 못했을 것이다. 왜? 그런 사람들은 자기가 하고 싶은 말에만 집중할 뿐 내 이야기를 경청해주지는 않기 때문이다.

대부분의 사람들이 말을 할 때는 분당 약 100~140단어를 처리할 수 있는 반면에, 청취할 때는 1분에 600단어 이상 수용하고, 처리할 때는 600단어 이상을 처리할 수 있기 때문에 듣는 사람이 부주의하기가 더 쉽다. 이와 같이 여분의 시간이 있기 때문에 주의가 분산되며 지겨워하고 부주의한다는 것은 당연한 일이다.

의사소통에 있어 극히 일반적인 문제는 단순한 부주의이다. 말하는 사람이든 듣는 사람이든 무관심과 부주의는 오해를 불러일으킬 수 있다. 말하는 사람의 경우 보통은 생각 없이 말하는 문제가 있다. 무심코 다른 사람에 대해 험담하는 것이 바로 그러한 경우이다. 듣는 사람의 입장에서도 부주의하게 청취하는 경우가 훨씬 더 일반적이다. 그러므로 효율적인 청취는 적극적인 노력을 요구한다.

대화란 어떤 사람의 한 가지 자아 상태에서 보내지는 자극에 대해 그 자극을 받은 사람의 한 가지 자아 상태에서 반응이 되돌아오는 것이라고 정의하고 있다. 따라서 대화 분석은 사람들이 어떻게 상호작용하는가, 즉 자극과 반응의 관계를 간결한 모양으로 분석하여 명확히 하는 것이다.

언어Language에 의한 메시지가 상대편에게 완전히 이해되는 데에는 상대편의 말뿐만 아니라, 이와 같은 비언어적인 형태도 충분히 고려해 볼 필요가 있다. 대화 분석을 구체적으로 학습하게 되면 자신의 대인교류 상 문제점을 발견하게 되고 자신의 자극이나 반응을 바꾸어 궁극적으로 좋은 인간관계를 조성할 수 있게 된다.

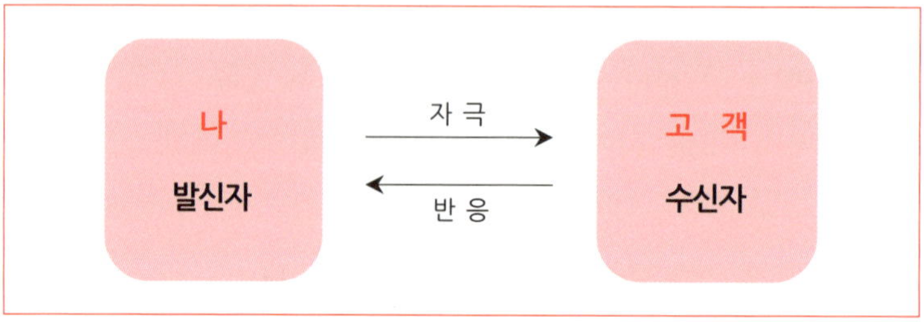

서비스화법

1. 커뮤니케이션

커뮤니케이션Communication에 대한 정의는 여러 가지가 있다. 그중에 간단하면서 아주 좋은 정의가 있다. “다른 사람과 정보(말로써 또는 말이 아닌 다른 방법으로)를 서로 주고받는 과정”이라고 정의한다.

일반적으로 커뮤니케이션이라고 하면 ‘말이 통한다’, ‘말이 통하지 않는다’ 등과 같이 언어적 의사소통을 뜻한다. 그러나 커뮤니케이션에는 언어적 요소뿐만 아니라 비언어적 요소도 함께 존재한다.

언어적 커뮤니케이션이란, 말하는 내용에 의한 의미전달을 말한다. 비언어적 커뮤니케이션은 말을 할 때 보여지는 바디랭귀지 등 비주얼Visual의 이미지와, 말하는 톤이나 음성과 같은 언어 외적인 요인에 의한 의사소통을 뜻한다(서비스 BASIC, 2004).

2. 대화법과 적극적인 경청

사람과 사람의 관계는 다음의 세 가지 형태로 유지된다. 첫째 유형은, 상대가 자신과의 관계에서 욕구충족을 방해 받는 것이다. 상대의 문제가 나에게는 전혀 문제가 되지 않는 경우이다. 이때 적극적 경청을 사용한다. 둘째 유형은, 나와 상대가 동시에 욕구가 충족되는 경우로 이런 관계는 아무런 문제가 없다. 셋째 유형은, 상대는 욕구가 충족된 상태이지만 자신은 상대로 인해 욕구충족에 방해를 받은 때 문제가 발생한다. 이 경우에는 올바른 자기표현법을 사용해야 한다.

말을 듣는 태도는 다음 세 가지로 나누어 생각해 볼 수 있다. 첫 번째는, 상대가 이야기하는 표면적인 사실에 관심을 가지고 사실만을 주고받는 태도이며, 두 번째는, 상대가 이야기하는 사실 속에 숨어 있는 상대의 진의를 포착하고 그 속에 깔려 있는 상대의 기분을 공감하는 태도이다. 그 첫 번째 태도는 그냥 듣는 것이고, 두 번째 태도는 귀담아 듣는 것, 즉 경청하는 것이다. 그렇다면 세 번째인 적극적인 경청이란 무엇인가? 이 방법은 상대의 이야기를 듣고 그 의미를 포착하여 그 기분을 상대에게 '내가 당신의 이야기를 듣고서 당신의 기분을 이렇게 공감하고 있다'는 사실을 확인시켜 주는 대화 방법이다.

3. 적절한 대화법

1) 습관처럼 "죄송합니다"를 연발하지 않는다.

(1) 상대방이 무엇을 해주었을 때

NO	죄송합니다.
YES	감사합니다.
	도움이 되었습니다.

(2) 상점이나 식당에서 점원에게 말을 걸 때

NO	죄송합니다.
YES	부탁합니다.

(3) 사과할 때

NO	죄송합니다.
YES	폐를 끼쳤습니다.
	송구스럽습니다.

2) 긍정적인 화법을 사용한다.

(1) "어느 쪽이 좋으십니까?"라고 물었을 때

NO	그냥 A로 하죠.
YES	A로 하겠습니다.
	A로 부탁드립니다.

(2) "~있습니까?"라고 물었을 때

NO	A밖에 없습니다.
YES	A로 준비해 드리겠습니다.

(3) 다른 사람의 실수를 지적할 때

NO	왜 그랬어?
YES	어떻게 하면 될까?

3) 질문하는 방법을 바꾼다.

(1) 대답하기 쉬운 과거의 경험이나 사실에 관한 'YES' 또는 'NO' 질문

NO	구입할 예정이신가요?
YES	구입한 적 있나요?

(2) 그 다음에는 둘 중 하나를 선택하는 '양자택일' 질문

NO	어디에 흥미가 있으신가요?
YES	흥미가 있는 쪽은 A와 B 중 어느 쪽인가요?

(3) 앞의 대답을 토대로 '긍정적인 주관식' 질문

NO	왜 B가 아닌가요?
YES	A의 어떤 점에 흥미가 있으신가요?

(4) 상대방의 말 속에서 키워드를 찾아 '끝말잇기식' 질문

NO	상대방 : 최근 인재가 부족해서…… 당　신 : 엔지니어가 부족한가요?
YES	상대방 : 최근 인재가 부족해서…… 당　신 : 어떤 인재가 부족한가요?

쉬어가기 **고객이 한 말 반복하기**

릭 판바렌(Rick Van Baaren)이 실시한 실험에 따르면, 서빙 직원들이 주문을 받은 후에 고객이 한 말을 되풀이하면 팁을 더 많이 받는다는 점이 입증되었다. 다른 표현으로 바꾸거나, 고개를 끄떡이거나, "알겠습니다."라고 말하는 일 없이 그냥 고객이 주문한 내용을 그대로 반복하는 것만으로 효과가 있었다. 다른 실험에서는 서빙 직원이 주문을 받은 후에 고객의 말을 그대로 되풀이했더니 평소보다 70%의 더 많은 팁을 받았다.

서비스 기업의 영업팀이나 고객서비스 부서에서 일하는 사람은 고객의 말을 그대로 반복해 들려줌으로써 고객과 더 친근한 관계를 맺을 수 있다. 고객의 말이 질문이든, 불평이든, 명령이든 그런 것은 상관이 없다. 예를 들어, 자동차회사 판매 직원이 고객과 자동차 판매 상담을 하는 경우의 화법을 다음과 같이 들 수 있다. "그러니까 지금은 10대를 구입하시고, 5월에는 20대로 늘릴 가능성도 있다는 말씀이죠?"와 같은 식으로 말하면 된다.

최근 고객서비스센터에서 이루어지는 전화 대화를 의뢰받은 분석 결과인 '그대로 반복하기' 기법을 잘못 활용하는 사례를 들어보자.

어느 날 고객서비스센터에 화가 난 고객이 전화를 걸어 책임자와 이야기하고 싶다고 요구했다. 그녀는 회사가 지키지 않은 어떤 약속에 대해 매우 화가 나 있었다.

"당황스럽게 해드려서 죄송합니다." 고객서비스 담당자가 말했다.

"당황스러운 게 아니에요. 난 지금 화가 났어요." 고객이 좀전보다 더 큰 목소리로 대꾸했다.

"네, 고객님께서 혼란스러우시다는 것을 저도 잘 압니다."

"혼란스러워? 혼란스러워? 난 혼란스럽지 않아. 화가 났다고 했잖아!" 급기야 고객은 고함을 질렀다.

대화는 순식간에 늪 속으로 빠져들면서 끝을 알 수 없는 밀고 당기기 싸움으로 변해 버렸다. 고객은 자신이 화가 났다는 사실을 몰라주는 상담원 때문에 점점 더 화가 났다. 고객이 한 말을 단지 되풀이하기만 했더라도 완전히 다른 결과가 나왔을 것이다. "화가 나셨다는 말씀을 들으니 정말 송구합니다. 이 문제를 해결하기 위해 제가 어떻게 하면 좋을까요?"라고 말했더라면 훨씬 누그러진 반응이 나왔을 것이다. 다른 사람과의 관계를 돈독히 하고 싶은 사람이라면 누구든지 이러한 원리를 적용하면 좋은 결과를 이끌어 낼 수 있다.

여기서 얻을 수 있는 교훈은 무엇일까? 서빙(Serving) 직원들이 고객과 대화하는 방식을 잘 관찰하면 다른 사람의 마음을 움직이는 방법에 대해 많은 것을 배울 수가 있다. 사람들은 모방이 최고의 아첨이라고 말한다. 그리고 이런 전략은 모방이 가장 기본적인 설득의 형태 중 하나라는 사실 또한 보여준다.

– 로버트 치알디니 외(2008)

02 비언어적 커뮤니케이션

1. 비언어적 커뮤니케이션의 정의

비언어적 커뮤니케이션이란, 대인 커뮤니케이션에서 얼굴, 표정, 몸의 움직임 등과 같이 의사전달 기능을 가지고 있는 인간의 모든 행동 중 언어적 요소를 제외한 것, 예를 들면 음성적 특징, 신체 부위를 이용한 동작, 신체 접촉, 물건이나 공간 및 시간 등 기호의 메시지화를 통한 상호 교환으로 정의할 수 있다(조영신 외, 2016).

따라서 비언어적 커뮤니케이션이란 한마디로 말이 없는 의사소통으로, 대인 커뮤니케이션에서 언어적 커뮤니케이션보다 양적으로나 질적인 측면에서 비중이 높고 편리하며 중요하다. 실제로 많은 학자들은 의사소통에서 비언어적 요소가 차지하는 비중이 70~90% 이상이라고 말하고 있다.

2. 밝고 호감이 가는 표정

얼굴은 느낌과 감정을 표현하는 제일의 비언어 커뮤니케이터로서 이러한 감성 표현을 표정Expression이라고 한다. 우리 얼굴은 수천 개의 다른 표정을 나타낼 수 있다. 즉 앨버트 메라비언Albert Mehrabian은 광범위한 연구를 통해 얼굴이 메시지 전달의 반 이상을 수행한다는 대면적인 상호작용에서의 공식을 끌어냈다. 그의 공식에 따르면 7%의 언어, 38%의 목소리 강조, 55%의 안면 표정에 의해 상호작용이 영향을 받는다.

사람의 얼굴은 80여 개의 근육으로 지어낼 수 있는 표정이 7천여 가지에 달한다. 80여 종의 근육 중 웃을 때 사용되는 근육이 50여 종으로 볼이나 입매에 집중되어 있지만 늘 웃는 사람도 20개의 근육을 채 사용하지 못한다고 하니,

얼굴 근육을 푸는 훈련을 통해서 자랑스럽고 상냥한 표정을 가꾸어야 한다(조영신 외, 2009).

표정Expression을 개선하려면 우선 마음의 표정부터 고쳐야 한다. 자신의 감정을 인식하고 조절할 줄 알며, 타인의 감정 또한 이해하고 공감하는 풍부한 감성과 긍정적인 사고를 바탕으로 내적인 평화를 이루어야 밝은 표정이 이루어진다.

1) 표정

- 나를 표현하는 보디랭귀지Body Language
- 의사소통의 중심
- 내면을 비추는 거울
- 호감이 가는Attractive 이미지 전달
- 원만한 인간관계 형성

(1) 바람직한 표정은?

- 부드럽고 온화한 표정
- 진실된 다정한 눈빛
- 좌 · 우 대칭의 표정
- T.P.OTime, Place, Occasion에 알맞은 자연스러운 표정

(2) 밝은 표정의 조건

- 눈과 입을 동시에
- 치아가 보이게
- 밝고 환하게
- 자연스럽게

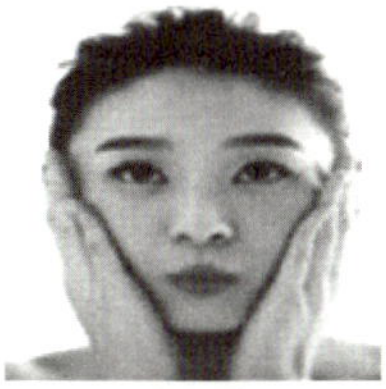	**깜짝 놀란 표정을 짓기** 입술을 오므린 뒤 눈을 크게 떠 깜짝 놀랐을 때의 표정을 짓는다. 이때 양손으로 볼과 목 뒤를 가볍게 서너 번 두드린다.
	**좌·우로 삐쭉삐쭉** 입술을 오므려 앞으로 쭉 내밀고 좌·우로 움직인다. 5~6회 반복하면 입 주위와 볼 근육이 움직이는 것을 느낄 수 있다.
	**입술 한쪽으로 당기기** 입술을 한쪽으로 힘껏 끌어당기고 어금니를 꽉 깨문다. 좌·우로 삐쭉거릴 때와는 다른 근육이 움직이는 것을 느낄 수가 있다.
	**입술 좌·우로 당기기** 아랫입술과 윗입술을 동시에 힘껏 양 옆으로 끌어당긴 뒤 아랫니를 깨물듯이 힘을 준다.
	**입 벌려 하늘을 보기** 크게 입을 벌리면서 목을 천천히 뒤로 젖힌다. 목덜미의 피로가 풀리고 전신에 활력을 주는 운동으로 각각 5~6회를 반복한다.

자료 : 네이버 검색(2020), https://cafe.naver.com/stewardessbang/46132

밝은 미소 짓기의 기본동작

2) 미소

미소Smile는 분위기를 좋게 해 주고 불신과 불화를 해결해 주며 사람과 사람 사이의 벽을 허물어주는 에너지를 가지고 있다. 좋은 이미지와 신뢰감을 심어 주어 상대방으로 하여금 호감을 갖게 하고, 따르고 싶은 마음을 불러일으켜 자신이 원하는 방향으로 일을 성공적으로 이끌게 한다.

(1) 미소의 3대 포인트

- 눈빛에 마음을 담아 지속적으로
- 눈과 함께
- 입꼬리는 균형적으로

(2) 미소 짓기의 연습

입모양의 변화상 미소를 짓는 데에 있어 가장 쉬우면서도 효과적인 말은 '위스키~'라고 할 수 있다. 입모습은 끝까지 '~이'의 입모습을 하고, 우선 입을 가운데로 모아 위스키의 '위~'를 발음한다. 그 상태에서 입을 옆으로 당기듯이 '스~'를 발음한다. 마지막으로 입꼬리를 귀밑까지 올라가게 위로 활짝 올리면서 '키~'를 발음한다. 따라서 '위스키~' 할 때에는 뺨의 근육이 약간 위로 치켜 올라가 훌륭한 웃는 얼굴을 만들 수 있다.

이런 방법으로 '위스키~' 를 5회 반복하여 연습한다. 활짝 웃는 미소는 '위스키~' 하고 발음한 상태에서 두 손가락으로 입꼬리를 고정시킨 뒤 마음속으로 다섯을 센 후 손만 떼어준다. 한 번 연습해 보자. '위스키~'

위스키(스마일 유지 1초, 2초, 3초, …5초)
와이키키(스마일 유지 1초, 2초, 3초, …5초)
하와이(스마일 유지 1초, 2초, 3초, …5초)
개나리(스마일 유지 1초, 2초, 3초, …5초)
개구리(스마일 유지 1초, 2초, 3초, …5초)

(3) 웃음 만들기

① 입을 3분의 1만 벌리고 작게 웃는다.

② 이어 입을 2분의 1 정도 벌리고 웃는다.

③ 마지막으로 크게 입을 벌려 마음껏 웃는다.

④ 이 과정을 3회 반복한다.

자료 : 송홍규(2018), 호텔 / 외식 식음료서비스

(4) 웃음 유지하기

① 입꼬리에 힘을 주어 위쪽으로 당겨 올린다.

② 이 상태에서 '위스키'를 발음한다.

③ 이어 입을 다물고 입꼬리를 올렸다, 내렸다 하는 동작을 반복한다.

자료 : 송홍규(2018), 호텔 / 외식 식음료서비스

3) 눈맞춤

모든 관계의 시작인 눈맞춤Eye Contact은 상대와의 연결고리를 만들며 더 많은 의사소통을 원하고 있음을 알리고 신뢰감을 형성한다. "우리의 눈빛은 우리의 혀보다 많은 말을 한다."고 한 랄프 왈도 에머슨Ralph Waldo Emerson의 말처럼, 눈빛은 사람과 사람을 맺어주는 중요한 커뮤니케이션의 수단이다. 생기 있고 밝은 표정을 위해서는 눈의 표정이 중요하다. 그리고 커뮤니케이션에서의 눈빛은 호감과 신뢰감을 전달한다. 대화 시 상대방의 미간을 바라보는 시선은 상대방의 마음을 편안하게 한다.

4) 시선 처리의 방법

예의바른 인상을 주려는 의도에서 시선(視線)을 아래로 향하는 것은 상대방에게 소극적인 인상을 심어준다. 마음과 신념과 태도를 비추는 맑은 거울 같은 눈빛은 대인 관계에서 빛을 발하는 매력적인 사람으로 부각될 수 있다. 또한 고객의 눈을 응시하되 장시간 응시할 경우에는 양 미간과 눈을 번갈아보며 시선을 처리하는 것이 고객의 입장에서 편안하게 느껴질 수 있다. 그러므로 부드럽고 따뜻한 눈빛을 연출해야 한다.

쉬어가기 행복할 때의 얼굴 표정은 17가지

인간(human beings)이 감정을 표현하는 얼굴 표정(facial expression conveying emotions)은 몇이나 될까. 1만 6,384가지 표정을 짓는다는 연구결과가 나왔다. 미국 오하이오 주립대학교 연구팀의 조사결과, 사람은 얼굴의 각각 다른 근육을 다양하게 조합한(configure their faces in 16,384 unique ways) 것으로 나타났다. 그중에서 35가지만 모든 문화권에서 보편적이고 같은 의미를 표출하는(be universal and mean the same in all cultures) 표정으로 받아들여진다고 한다.

연구팀은 조사를 위해 느낌을 묘사하는(describe feelings) 821개 단어 목록을 작성한(compile a list) 뒤 거의 모든 언어로 번역했다(have them translated into almost all languages). 그리고 이 단어들을 전 세계 인터넷 검색엔진에 돌려 약 720만 개의 얼굴 모습(facial guises)을 수집하고, 컴퓨터 알고리즘을 이용하여(take advantage of computer algorithms) 감정별로 분류했다. 그 결과, 행복함을 느낄(feel happy) 때의 얼굴 표정은 17가지로 다른 어느 감정보다도 많았다. 사람은 즐거움, 기쁨, 만족감 등 다채로운 형태로(in diverse forms of joy, delight, contentedness and so on) 행복을 느낀다는 방증이다.

이에 비해(in comparison with this) 두려움을 나타내는 얼굴 표정은 3가지, 놀라움(surprise)은 4가지, 슬픔과 분노는 각각 5가지인 것으로 조사되었다. 특이한 것은 역겨움이나 혐오감을 내비치는(indicate disgust or aversion) 얼굴 표정은 모든 문화권에서 단 한 가지라는 사실이다. 싫다는 감정은 행복감처럼 미묘하지 않고 단순 명백하기(be simple and obvious) 때문으로 분석된다. 유교에선 인간의 감정을 희(喜), 노(怒), 애(哀), 구(懼), 애(愛), 오(惡), 욕(慾) 7가지로 봤다.

그러나 미국 버클리대학교 연구팀은 최근 보고서를 통해 '사람은 복잡 미묘한 생명체(complex creature)여서 7~8가지 감정만 있다는 건 말이 안 된다'며 27종류의 다른 감정(distinct emotions)을 가지고 있다고 주장했다. 연구팀이 제시한 인간 감정 27종은 다음과 같다.

[감탄(admiration), 흠모(adoration), 심미적 공감(aesthetic appreciation), 재미(amusement), 불안(anxiety), 경외감(awe), 어색함(awkwardness), 지루함(boredom), 평온함(calmness), 당혹감(confusion), 욕망(craving), 혐오감(disgust), 감정이입 아픔(empathic pain), 황홀감(entrancement), 시기심(envy), 흥분(excitement), 두려움(fear), 공포감(horror), 흥미(interest), 즐거움(joy), 향수(nostalgia), 사랑(romance), 슬픔(sadness), 만족감(satisfaction), 성욕(sexual desire), 동정심(sympathy), 승리감(triumph)]

– 조선일보(2019). 윤희영 편집국 편집위원; 김찬규(2019.01.17)

3. 올바른 인사

인사(人事)의 한자 해석은 '사람이 해야 하는 일'이고, 인사의 어원은 '다양한 사람들을 만날 때 자연스럽게 주고받는 행위'라고 한다.

> "우리보다 뛰어난 사람들의 냉담함이나 무례함은 그들을 미워하게 만들지만, 그들이 건네는 인사의 말이나 미소는 우리를 다시 그들과 화해시켜 준다."
> —장드라 브뤼에르

1) 인사

인사(人事)는 많은 예절 가운데서도 가장 기본이 되는 마음의 표현으로서 상대방의 마음을 열 수 있는 인간관계의 시작이다. 인사는 마음이 전달되는 따뜻한 인사가 되도록 즐거운 마음을 가지고 해야 한다.

우리의 얼굴은 마음을 담는 그릇이고, 상냥한 목소리는 마음의 표현이다. 밝게 미소 짓는 얼굴과 상냥한 목소리로 고객에게 편안함을 줄 수 있는 친절한 이미지를 만들어야 한다. 이렇게 인사란 마음의 문을 여는 열쇠이며 친절의 시작이자 친절의 마무리이다. 고객의 마음의 문을 활짝 열 수 있도록 친절한 인사를 생활화해야 한다.

(1) 인사의 정의

- 인간관계가 시작되는 신호
- 상대방에 대한 친절과 존경심의 표현
- 스스로의 이미지를 높이는 기준
  - 좋은 이미지의 형성
  - Courteous(공손한, 정중한) 모습의 연출

(2) 인사예절

상황에 맞는 표정으로[男左女右]

- 인사할 상대와 눈을 마주치고
- 밝은 미소를 짓고
- 공손한 자세로 허리를 곧게 펴고
  - 여성 : 손은 공수법에 따라 공손하게 모은다(발의 모양 ➜ 11 : 05).
  - 남성 : 주먹을 살짝 쥔 상태로 바지 옆 봉제선에 놓는다(발의 모양 ➜ 10 : 10). 여기에서 목 또는 어깨만을 숙이며 인사하지 않는다.
- 상황에 맞는 인사말로
- 상냥한 목소리로 건넨다.
- 목례, 보통례, 정중례를 상황에 맞게 사용한다.
- 인사를 하며 손님이 필요로 하는 것이 무엇인지 찾고, 그에 맞는 응대를 적절하게 한다.

(3) 인사의 기본자세

- 시선 : 인사 전 · 후에는 상대방의 눈을 보고, 시선에는 존중하는 마음을 담는다(정면 상방 15도).
- 표정 : 밝고 부드러운 미소를 지닌다.
- 고개 : 반듯하게 들고 턱을 내밀지 않도록 주의하며 고개와 등, 허리까지 일직선이 되도록 한다.
- 손의 위치 및 모양
  - 남성 : 손을 바지의 옆 재봉선에 붙이고 어깨에서 힘을 뺀다(바지 재봉선). 손의 모양은 달걀을 쥔 모양
  - 여성 : 오른손이 위로 올라가게 포갠 다음, 아랫배에 가볍게 댄다(아랫배). 손의 모양은 공수자세

※공수(拱手)란, 어른을 모시거나 의식행사에서 공손하게 손을 맞잡는 태도이고, 손의 모양은 남좌여우(男左女右)로 하며, 제사를 지낼 때의 손 모양은 반대로 한다.

- 발 : 발꿈치를 붙이고, 양 발의 각도는 약 15도 정도로 한다(남자는 30도 정도).

쉬어가기 **행복할 때의 얼굴 표정은 17가지**

일반적으로 인사를 하는 순서는 아래와 같다. 우선 상대방과 아이 콘택트(eye contact)를 하고, 고개를 숙인 다음 1초 정도 쉰다. 그리고 천천히 상체를 세운 뒤 고객과 다시 아이 콘택트를 한다. 1초를 쉬어주면 인사의 절제미가 있고, 공손한 느낌을 줄 수 있다.
아래는 아시아나항공 승무원 체험교실에서 제공하는 4박자 인사법을 소개한다.

4박자 인사법

- 1박자 : 인사말과 함께 상체를 허리부터 굽힌다.
- 2박자 : 굽힌 상태로 잠시 멈춘다. Stop Motion
- 3박자 : 천천히 몸을 일으킨다.
- 4박자 : 일어서서 상대방을 쳐다보고 스마일 한다.

※굽힐 때는 1박자, 일어설 때는 2박자의 속도로 정중하게

– 아시아나항공 승무원 체험교실

2) 인사의 유형별 자세 동작

인사의 기본자세는 남녀 차이가 있는데, 남자는 발의 뒤꿈치를 붙이고 10시 10분 방향으로 앞발을 벌려주고, 여자는 11시 5분 방향으로 벌린다. 고객을 맞이할 때 여자는 오른손이, 남자는 왼손이 올라가는 공수(拱手)를 하면 된다.

인사는 '정중례, 보통례, 목례' 등 크게 세 가지로 나뉜다.

정중례는, 공손한 인사법으로 고객을 처음 맞이하고 배웅할 때 유용하다. 고객에게 감사함을 표현하고 싶을 때 또는 불만에 대한 사과를 표현해야 할 때 말보다 정중하게 45도 각도로 상체를 굽혀서 사과의 표현을 할 수 있다.

보통례는, 기본 인사법으로 약 30도 정도 상체를 숙인다. 고객을 처음 맞이할 때 하는 인사이다. 하지만 고객이 계속 들어오고 해야 할 일이 있는 상황에서는 고객에게 30도 각도로 인사하는 보통례를 하기가 어렵다. 그때는 아이콘택트하고 허리를 약간 숙이면서 목소리로 환영을 해 주는 것도 괜찮다. 고객응대를 하고 있는 상황에 다른 고객이 와서 뒤에 기다리고 있다면, 눈인사로 잠깐 기다려주라는 표현을 하고 응대를 하면 된다.

목례는, 눈으로 하는 인사이다. 약 15도 각도로 허리를 숙이며 복도, 계단, 엘리베이터 등 좁은 공간에서 고객을 맞이할 때의 인사법이다. 이미 한 번 만난 인사를 했던 고객을 같은 공간에서 다시 마주칠 때 자연스럽게 살짝 허리를 굽히며 눈으로 인사를 하면 된다.

인사는 사람으로서 마땅히 해야 할 일이고, 사람을 만나거나 헤어질 때 해야 하는 기본적 예의라고 볼 수 있다(박정순, 2017).

(1) 정중례 : 정중한 인사(45도)

감사 또는 사죄를 드려야 하는 자리에서 행하며, 가장 정중한 인사이다.

- 인사 각도 : 45도
- 시선 전방 : 발끝에서 1.5미터 정도 앞

※상황

- 단체고객을 맞이하거나 전송할 때
- 출근하여 상사를 처음 만났을 때

- 감사의 뜻을 표현할 때
- 잘못된 일이나 불만에 대해 사과할 때

(2) 보통례 : 보통인사(가벼운 인사) 30도

회사에 찾아온 일반 손님이나 상사에게 하는 인사로 가장 기본이 되는 인사이다. 또한 보통례는 평상시 어느 장소, 어느 상황에서나 일반적으로 하는 인사라고 할 수 있다.

- 인사 각도 : 30도
- 시선 전방 : 발끝에서 2미터 정도 앞

※상황

- 복도, 영업장 등에서 상사를 다시 만났을 때
- 고객을 다시 만났을 때
- 결재를 얻기 위해 상사의 집무실을 출입할 때

(3) 목례 : 가벼운 인사(15도)

가장 가까운 동료나 아랫사람에게 답례로 하는 인사로 스마일과 아이콘택트 Eye Contact가 중요하다.

- 인사 각도 : 15도
- 시선 전방 : 발끝에서 3미터 정도 앞

※상황

- 복도, 엘리베이터 내에서와 같이 좁은 장소에서 상사를 만났을 때
- 동료나 친한 사람을 만났을 때
- 상사가 주재하는 회의, 면담, 대화의 시작과 끝

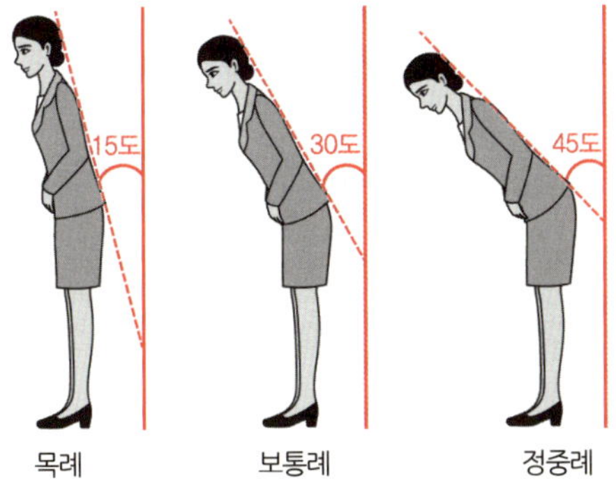

자료: 김지아 외(2015), 글로벌 매너 5W1H

3) 인사의 상황별 자세 동작

(1) 걸을 때의 인사(복도에서)

- 2~3미터 가까이에서
- 상대를 향해 선 후 기본자세를 취하고 인사
- 상급자가 지나간 후에 움직인다.
- 시선은 아래로 향하고 바른 자세로 서서 대기

(2) 계단을 오르내릴 때의 인사

- 계단에 발을 딛기 전 밝은 표정으로만 인사
- 신속히 사선 걸음으로 계단을 통과한 후
- 상사 앞에서 기본자세를 취하고 인사
- 상사가 지나간 후 진행한다.

(3) 앉아서 인사

- 앉은 자세에서 15도 인사
- 앉은 자세에서는 밝은 표정이 보일 수 있도록 측면 인사

4) 인사하는 법

인사는 마음으로 하고, 몸으로 하고, 그리고 눈으로 한다.

내가 먼저
정중하게
상대방의 눈을 보고 미소를 지으며
친근감 있게
진실한 마음으로
큰소리로 명랑하게
표정은 밝게 지속적으로

(1) 듣기 좋은 인사말

- '솔'톤
- 말끝을 살짝 올리기 하여 "안녕하십니까?"
- 분명한 발음
- 밝은 표정, 활기찬 목소리
- 상대방의 눈을 보며 다양한 인사말로
- 잘 받는 것도 또 하나의 인사

(2) 인사의 3가지 포인트

1. 눈맞춤　2. 인사말과 인사　3. 내가 먼저

5) 인사를 한 후 한 마디씩 짧은 대화를 나누는 방법

인사는 상대방에게 전달하는 것만으로 끝나지 않는다. 진심으로 맞이해 주는 따뜻한 첫인사는 상대방에게 보다 큰 감동으로 남을 수 있다. 즉 인사는 자신의 좋은 이미지를 형성하면서 스스로에게 기쁨과 보람으로 남게 된다. "안녕하십니까?", "어서 오십시오."와 같은 인사말만 형식적으로 하게 되면, 인사를 한 사람이나 받은 사람 모두가 짧은 시간이나마 어색함을 느낄 수 있다. 이러한 어색함 대신 자연스럽게 인사를 나누고 관심을 보여주기 위해서는 인사를 한 후에 한 마디씩 짧은 대화를 나누어야 한다.

(1) 긍정적인 말

세계 어디에서나 지켜야 할 공통적인 매너Manner가 있다. 그 중에서 나이, 종교, 결혼 유무, 정치 등에 관한 이야기는 첫 만남에서 피하는 것이 좋다. 하지만 대표적 화제는 바로 동·서양 사람 누구나 쉽게 공감할 수 있는 날씨다. 날씨와 관련해서 한 마디씩의 말을 건네면 훨씬 자연스럽게 인사를 나눌 수 있다. 이때 받아들이는 상대방의 기분에 미칠 영향을 생각해서 부정적인 말보다는 이왕이면 긍정적인 말 한 마디를 하는 것이 더 좋은 분위기를 만들 수 있다.

- "오늘 날씨가 참 좋네요."
- "날씨가 정말 화창해서 사진이 잘 나오겠어요."
- "사랑해요."
- "곁에 있어줘서 고마워요."

(2) 간단한 질문형 인사

인사말을 한 후 상대방에게 정말 인사하고 싶어서 인사한다는 관심을 표현할 수 있는 또 다른 방법은, 간단한 질문형 인사라고 할 수 있다. 이렇게 짤막한 인사란 바로 간단하게 질문을 함으로써 간단한 대화를 나누는 것이다.

- "점심 드셨어요?"
- "건강은 좀 어떠세요?"
- "어린이 친구, 몇 살이에요?"

- "오늘 뭐가 제일 재미있었어요?"
- "할아버님(할머님), 뭐 불편하신 점은 없으셨어요?"

6) 인사의 예방선 효과 : 먼저 인사하는 것도 능력

"좋은 아침입니다! 오늘은 날씨가 상쾌하네요."
"안녕하세요? 늘 힘이 넘치셔서 저도 힘이 납니다."

언제든지 자신이 앞장서서 인사를 해야 한다. 인사는 반드시 먼저 하는 편이 좋다. 인사를 하면 왜 좋을까? 자신이 곤경에 처했을 때 언제든지 다른 사람에게 의지할 수 있기 때문이다. 당신이 먼저 인사한다고 해서 상대방의 기분이 나쁠 리가 없다. 오히려 '기특한 사람이구나'라고 생각한다.

우리는 자신에게 친히 인사하는 사람에게 마음의 문을 연다. 그런 사람이 도움을 부탁하면 대부분의 사람들이 기꺼이 들어준다. 자신이 먼저 인사하지도 않고 인사를 받기만 하는 사람의 부탁은, 아무도 들어주고 싶어 하지 않는다. 따라서 평소에 인사를 확실히 해 놓으면 만일의 경우 자신이 곤란할 때 예방선이 된다. 따라서 상대방이 들었을 때 최대한 기분 좋은 인사를 해야 한다. 인사는 인간관계의 기본이다. 인사만 제대로 해 놓으면 대부분의 인간관계가 원만하다.

평소에 이웃사람들에게 인사하면 이웃과 잘 어울릴 수 있다. 인사하는 사람에게는 친밀감을 느끼고 친구처럼 느껴지기 때문이다. 인사하지 않는 사람은 이웃 사람과의 관계도 서먹서먹하다. 인사는 이러한 관계를 예방할 수 있다.

직장에서도 마찬가지다. 같은 부서뿐만 아니라 다른 부서 사람이든, 방문한 고객이든 누구에게나 활기차게 인사를 해야 한다. 그러면 여러분의 주위에는 친밀하고 가까운 사람들이 많아진다.

미국 서던 메소디스트대학교의 다니엘 하워드D. J. Howard는 모르는 사람에게도 인사하면 친밀감을 느끼게 하여 "쿠키를 팔고 싶은데 자택을 방문해도 될까요?"라고 부탁하니 25%의 고객이 응했다고 한다. 그러나 인사도 하지 않고 갑자기 쿠키를 팔고 싶으니 자택에 방문해도 되느냐고 부탁했을 때는 10%만이 응했다. 사소한 한두 마디라도 인사를 하면 그전까지 '몰랐던 사람'에서 갑자기 '친구나 지인'과 같은 분위기가 생긴다. 그러므로 인사하는 행동이 매우 중요하다.

자료 : 네이버 블로그(2017)
신입사원이 갖춰야 할 인사 매너, 취업포스팅

기차나 비행기를 탈 경우에도 좌석에 앉을 때 옆에 앉은 사람에게 한마디라도 인사를 하면, 이후 몇 시간이고 쾌적한 여행을 즐길 수 있다. 이는 옆 사람과의 관계가 '모르는 사람'에서 '아는 사람'으로 바뀌기 때문이다.

최근 젊은 사람들 중에 '인사는 귀찮다', '상대방이 먼저 인사한 후에 내가 인사해도 된다'고 생각하는 사람이 많다. 인사의 효과가 얼마나 강력한지를 모르기 때문이다. 그냥 인사라 생각할 수도 있지만 그래도 중요하다. 귀찮게 여기지 말고 내가 먼저 인사하는 습관을 들여야 한다. 그렇게 하면 상사나 부하, 직장의 모든 사람에게서 호감을 얻는다. 인사를 잘하느냐 못하느냐는 굉장히 큰 차이로 나타난다. 즉 인사를 받기만 하는 사람의 부탁을 들어주는 사람은 없다.

인사에 특별한 것은 없다. 그저 다음과 같이 간단히 인사하는 것은 큰일도 아니다. 딱히 잡담은 하지 않아도 된다. 한두 마디의 인사가 매우 중요하다(나이토 요시히토, 김한나 옮김, 2019).

"좋은 아침입니다."
"안녕하세요."
"고맙습니다."
"최근 들어 꽤 덥네요."
"날씨가 상쾌하네요."

쉬어가기 인사말 – 서비스의 기본 접객용어

- “안녕하십니까?”
- “어서 오십시오.”
- “반갑습니다.”
- “무엇을 도와드릴까요?”
- “예, 잘 알겠습니다.”
- “예, 해 드리겠습니다.”
- “예, 확인해 드리겠습니다.”
- “죄송합니다만, 잠시만 기다려 주시겠습니까?”
- “고맙습니다.”
- “즐거운 하루 되십시오.”
- “안녕히 가십시오.”
- “또 오십시오.”

쉬어가기 이런 인사를 하느니, 차라리 (×)

- 눈을 쳐다보지 않고 하는 인사
- 망설임이 느껴지는 인사
- 고개만 까딱 하는 인사
- 말로만 하는 형식적인 인사
- 무표정한 인사
- Eye Contact가 없는 인사
- 아쉬울 때만 하는 인사
- 받는 둥 마는 둥 하는 인사

03 언어적 커뮤니케이션

1. 언어적 커뮤니케이션의 정의

언어적 커뮤니케이션은 글이나 말과 같은 언어로 표현되는 영역이며, 대부분의 지식을 전달한다. 일반적으로 '21일이면 습관이 된다'는 이야기를 많이 들었을 것이다. 언어는 습관이다. 뇌과학에서는 내 몸에 습관을 하나 만들려면 21일이 걸리면서 자연스럽게 행동으로 나온다고 말한다.

제 3절에서는 언어적 커뮤니케이션을 원활하게 하는 경청, 다양한 유형별 화법, 스피치 스킬, 칭찬에 대해 구체적으로 살펴보고, 평소 바른말과 긍정적인 말을 생활화 할 필요가 있다.

2. 올바른 경청자세

올바른 경청자세란, 상대방의 얼굴이나 표정, 제스처 등에 주의를 집중하고 이야기 도중에 다른 생각을 하거나 끼어들지 않는다. 시선은 항상 부드럽게 상대방의 얼굴을 향하고, 손이나 다리를 꼬지 않고(상대의 미간 응시) 상대방의 감정 상태, 직위, 성격, 가치관, 종교 등의 특성과 의도를 파악하고자 노력하며 내용 전체를 듣는다.

상대방의 말을 잘 듣는 적극적인 방법 중의 하나가 바로 질문이다. 이해하지 못한 부분의 이해도를 높이고 오해나 왜곡의 소지가 있는 부분을 확인함으로써 상호간의 신뢰를 쌓을 수 있다. 그리고 선입관이나 편견 등을 버리고 상대방의 입장이 되어 느낌과 생각을 이해하도록 노력하면서 듣는다. 이야기에 주의를 집중하고(필요하면 메모하라), 끝난 것같이 보이더라도 잠시 기다려 상대방이 충분히 이야기할 기회를 주도록 한다.

말을 끊는 사람을 일컬어 타인의 말허리를 자르는 사람, 즉 백 브레이커Back Breaker라고 하는데, 상대방의 이야기가 재미없어도 잘 들어준다는 것은 상대방에게 자존감을 심어주는 것이다. 상대방이 하는 말이 잘 이해되지 않거나 질문사항이 있을 경우에는 상황에 맞게 자신의 의사를 표현한다.

1) 경청이란?

청(聽 : 들을 청)은 耳 + 王 + 十 + 目 + 一 + 心이 합쳐져서 이루어진 한자이다. 청(聽)을 해석하면 "임금님의 큰 귀로, 열 개의 눈으로, 그리고 진지한 눈빛으로 하나 된 마음으로 진심을 들어주어라."라는 의미라고 할 수 있다.

(사례) 聽(들을 청)

→ 耳(귀 이) + 王(임금 왕) + 十(열 십) + 目(눈 목) + 一(한 일) + 心(마음 심)

2) 공감적인 경청

서비스 전문인은 대화를 통해 고객이 원하는 것을 알아차리고 그에 맞는 응대를 해야 한다. 고객들은 자신의 특정한 욕구를 서비스 전문인에게 설명할 때, 서비스 전문인이 귀 기울여 들어주고, 맞장구를 쳐주고 그에 맞는 응대를 해주기를 원한다. 따라서 서비스 전문인의 듣기는 단순한 듣기가 아닌, 마음을 열고 고객의 입장에 서서 고객을 존중하며 고객이 진심으로 원하는 것이 무엇인가를 알기 위해 정신을 집중하여 듣는 공감적 듣기, 즉 경청(傾聽)이어야 한다.

이렇게 공감적인 경청은 자신의 특별한 감각, 태도, 신념, 감정, 직관 등을 가지고 듣는 것인 반면에, 소극적인 듣기란 자기 인식이나 자기 개입 혹은 호기심 없이 수동적으로 단순히 소리를 수신하는 것이다. 최고의 서비스인이라면 이제부터 고객의 이야기에 공감적으로 경청할 수 있어야 한다.

예를 들어, 인터넷이 발달한 요즘 접근 용이성이 늘어남에 따라 고객들은 보다 존중받고 대우받기를 원하기 때문에 경청(傾聽)은 매우 중요한 요소이다. 인간관계와 로열티Loyalty 구축의 토대를 형성하는 경청은 신뢰성을 높인다. 경청 과정은 외부의 대화 통로를 두게 된다. 기업이 경청하지 않는다고 생각하면 고객들은 기업이 통제 불가능한 다른 경로를 찾게 된다. 사실 고객들이 CGM Consumer Generated Media : 소비자 발신형 미디어을 활용하는 큰 이유는 자신들의 의견이 반영되지 않는다고 생각하기 때문이다. 따라서 기업들은 고객의 소리, 경청, 플랫폼을 유튜브U-tube 같은 인기 있는 웹사이트로 확대해야 한다.

오늘날 누구나 사회 네트워크 사이트에 수시로 무료로 접근할 수 있기 때문에, 기업들은 고객들이 이웃이 되고 네트워크에 참여할 수 있도록 노력해야 한다. 도요타는 4년 이상 온라인 토론을 주의 깊게 경청해 왔다. 최근에 도요타 엔지니어들은 품질 관련 CGM 자료, 즉 블로그, 게시판, 로펌, 자동차 전문가 웹사이트 등을 매일매일 검토한다.

3) 경청은 공감의 출발점

한 가정에서 일어난 일이다. 딸은 고등학교를 졸업하고 텔레마케터로 일하고 있다. 어느 날 딸이 퇴근하여 거실에 들어서는 순간, TV에서 마침 텔레마케터와 같은 감정노동에서 시달리고 있는 여성들에 대한 이야기가 나온다. 딸은 이때다 싶어 어머니에게 말했다.

"엄마, 우리 이야기야!"

어머니는 딸의 말을 듣고는 TV를 힐끗 쳐다보더니 하던 일을 계속하였다.

"엄마, 내가 얘기할께. 내 한풀이 좀 들어줘."

그러자 어머니는 이렇게 말했다.

"야, 세상에 힘 안 드는 일이 어디 있니? 내 한풀이나 좀 들어줘라."

딸은 어머니의 말을 듣고 얼마나 속상했는지 자기 방에 들어가서 펑펑 울었다. 다른 사람의 말을 들어주는 것이 공감으로 이어지는 출발점이다. 상대의 감정을 알기 위해서는 경청을 해야 한다. 경청을 잘못하면 대화는 어그러지기 시작한다. 그렇다면 사람들은 왜 남의 말을 잘 듣지 않으려고 할까?

첫째, 우리는 남의 말을 듣기보다 자기 말하기를 좋아하기 때문이다. 자기 말을 함으로써 자신이 주목받고, 자신의 정체성을 강화할 수 있기 때문이다.

둘째, 집중하기 쉽지 않기 때문이다. 상대방의 말을 듣는 데에 집중하려면 많은 에너지를 소모해야 하고, 몰입하려는 노력을 해야 하기 때문이다.

셋째, 상대의 말을 들으면서 속으로는 자신이 무슨 말을 해야 할까를 생각한다. 그래서 상대의 말이 끝나기도 전에 자신의 말을 꺼낸다.

넷째, 말을 많이 해서 내가 이렇게 많이 알고 있다는 것을 자랑하고 싶어서 경청을 방해한다.

4) 경청의 효과

- 말하는 사람이 적극적이고 기분 좋게 이야기하고 싶은 마음을 가지게 한다.
- 말하는 사람 스스로 자신의 이야기를 정리할 수 있게 된다.
- 듣는 사람에 대한 부정적인 마음이 사라져 상호 공감이 싹트게 된다.
- 말하는 사람이 자신의 잠재적 능력과 문제 해결 능력을 스스로 이끌어낼 수 있게 된다.
- 말하는 사람이 자신의 판단으로 의사를 결정할 수 있게 된다.

5) 올바른 경청의 여덟 가지 기술

- 듣는 목적을 생각하며 듣는다.
- 말을 정확하게 듣는다.
- 요점을 파악하면서 듣는다.
- 화자의 의도를 생각하면서 듣는다.

- 사실과 의견을 구분하여 듣는다.
- 비판적으로 듣는다.
- 진실과 거짓을 판별하며 듣는다.
- 맞장구를 치면서 듣는다(강원아카데미, 2013).

공감을 얻기 위한 경청(傾聽)은 그냥 듣은 것이 아니다. 말하는 상대가 어떤 마음을 가지고 이야기하는지, 왜 이런 이야기를 하는지 등 상대의 느낌과 생각 등을 추측한 다음 자신이 이해한 내용을 상대에게 확인하면서 듣는 것이다.

상대가 말하는 내용의 이면에 숨어 있는 의미까지 이해하려고 노력하는 수준으로까지 들어야만 '공감으로 경청'하는 것이다. 경청에 충실하려면 가능한 한 말을 적게 하고 듣는 데에 집중해야 한다. 80%는 듣는 데에 할애하고, 20%만 말하는 데에 할애하는 것이 좋다.

25년간 미국 최대 토크쇼를 이끈 오프라 윈프리Oprah Winfrey는 쇼를 하는 1시간 동안 10분 정도만 자기가 말하고, 나머지는 상대방의 이야기에 눈을 맞추고, 고개를 끄덕여 주고, 질문을 하고, 또는 사람을 끌어안기도 한다.

공감 능력은 그의 말에 매력을 더하고 사람을 아름답게 만든다. 부하가 회사 신입사원이라 너무 힘들다고 할 때 "나는 신입사원 시절에 자네보다 더 힘들었어."라고 말할 수 있다. 그러나 상대의 경험과 나의 경험이 다른 것이다. 가능한 상대의 아픔을 들어주는 데에 집중해야 한다. 충분히 들어준 다음 자신의 이야기를 해도 늦지 않다.

상대의 이야기, 특히 문제점이나 어려운 일이나 힘든 일에 대해서 이야기 할 때 공감 능력이 더욱 요구된다. 인간은 누구나 자신의 힘든 일을 이야기하기를 꺼린다. 자존심이 있기 때문이다. 그럼에도 불구하고 말했을 때에는 적어도 상대가 들어주고 이해해 주기를 바라는 마음에서 말하는 것이다. 따라서 들어주고 이해하며 상대와 같은 마음으로 공감하면서 들어주는 것이 공감을 얻는 첫 번째의 비결이다(브루스패튼, 김주영 편역, 센스 있는 말 한마디, 2019).

6) 맞장구 요령

제스처 : 상황에 맞는 제스처 보여주기
단순한 음성반응 : "아, 네, 그렇군요." 등의 반응 보여주기
질문 : 고객의 이야기에 질문하기
반복 : 고객의 이야기 중 중요한 키워드 반복, 확인하기

7) 1, 2, 3 기법

대화를 잘하는 사람은 1, 2, 3 기법을 적절히 이용한다. 두 배 더 들어주는 경청의 자세는 상대에게 신뢰감을 주며 호감을 살 수가 있다.

본인은 1분만 말한다.
상대방의 말을 2분 들어준다.
맞장구치는 데에 3분을 써야 한다.

8) 칼 로저스Carl Rogers의 적극적 경청법

적극적 경청	자신의 감각, 태도, 신념, 감정, 직관 등을 가지고 말로 표현된 이상의 의도, 감정, 정황 등을 말하는 사람 중심으로 듣는다.
환 언	상대방의 말을 잘 이해했음을 확인시켜주기 위해 상대방 메시지를 다시 들려주는 것(예 : 고객님, 프린터 작동이 안 된다는 말씀 맞으시지요?)
요 약	메시지의 전체적인 이해 내용을 전달(예 : 판매 점원의 말은 ~라는 이야기이고, 고객님은 ~라는 말씀이신데, 제 말이 맞습니까?)
감정을 반영한 반응	상대방의 감정 상태에 세심한 주의를 기울이고 있음을 알게 하는 것(예 : 고객님, 불편접수 과정이 복잡해서 대단히 죄송합니다. 불편하신 사항이 신속히 조치할 수 있도록 최선을 다하겠습니다)

3. 다양한 유형별 화법의 예

1) 고객과 친해지는 호칭

호칭이란, 나이가 들어 현역에서 물러난 노인들도 은퇴 전에 사용하던 직함

이나 호칭을 선호한다고 한다. '할아버지', '할머니'가 아니라 '박 선생님', '김 점장님', '최 교수님', '강 박사님', '정 부장님', 사장님', '회장님', '실장님' 등의 직함과 호칭에 그들이 전성기에 받았을 존중과 존경의 의미가 응축되어 담겨 있기에 그런 것들을 선호한다.

주변의 노인들을 부르는 호칭에도 한 번 더 생각하고 존중을 담으면 좋다. 내가 고른 고운 말 한마디가 한 사람의 인생, 조직과 사회를 바꿔놓을 수가 있는 것이다. 그렇다면 고객과 친해지는 다양한 호칭을 적어보자.

〈연습하기〉

OOO, OOO, OOO, OOO

(1) 호칭의 위력

- 상대방을 특별한 사람으로 만들어 준다.
- 상대방을 나에게 집중시킨다.
- 상대방에게 친근감을 준다.

(2) 상대방의 호칭(이름)

최 과장은 순간 아찔해졌다. 상대방이 자신의 이름을 부르며 아는 척을 하는데, 도무지 그가 누구인지 생각이 나질 않는다. 고민하던 끝에, 드디어 그가 바로 자재과에 새로 온 과장이라는 것을 알았다. 하지만 최 과장은 다시 한 번 고심을 한다. 이번에는 그의 이름이 생각나질 않는다. 성이라도 기억이 나면 좋으련만 그마저도 아련하다. 결국 최 과장은 자재과장의 호칭을 피하면서 대충 대화를 얼버무리고 바쁜 척 돌아서야만 했다.

누구나 한 번쯤 경험했을 법한 일이다. 상대방은 자신을 잘 알고 있는데, 자신은 그 사람의 이름조차 모르겠으니 답답하기 이를 데 없다. 만일 대화를 하던 중 자기가 이름도 모르고 있다는 사실을 상대방이 알게 된다면, 당연히 그 사람은 실망감을 느끼게 될 것이다. 그리고 자신의 이름을 기억하지 못한다면 무척 자존심이 상할 것이다. 더구나 자신은 상대방의 이름을 정확히 기억하고 있는데, 상대는 나를 전혀 기억하지 못한다면 더욱 그러하다.

우리는 누구나 많은 사람들이 자신의 이름을 기억하기를 바란다. 오래도록 인상에 남는 존재이고 싶은 것이다. 잘 모르는 사람에게서 자신의 이름을 들었을 때도 왠지 우쭐해지면서 기분이 좋아진다. 마치 자기가 유명인이라도 된 것 같다. 이것은 전화를 할 때도 마찬가지다. 한 번 통화한 적이 있는 거래처 사장의 목소리를 기억하고 있다가, 다시 그에게서 전화가 걸려왔을 때 "아, 김 사장님이시죠?"라고 먼저 인사를 한다면, 사소한 일에도 그 사람은 깊은 호감을 보인다.

미국 대통령 선거에서 루스벨트F. D. Roosevelt의 당선에 큰 영향을 끼쳤던 짐 팔리Jim Farley가 제대로 된 교육을 받은 것은 중학교까지가 고작이었다. 하지만 뒤늦게 4개의 대학에서 학위를 받았고, 결국엔 미국 정치계에서 중요한 위치까지 올랐다. 그는 성공의 비결을 묻는 질문에 "열심히 일하는 것"이라고 답하고는, 자신이 얼마나 많은 사람들의 이름을 외우고 있는지를 말했다.

짐 팔리는 외판원 시절부터 사람들의 이름을 외우기 시작했다. 만나는 사람들의 이름과 주변 상황을 연결하여 그림을 그리듯이 외웠다고 한다. 그래서 그는 사람들을 만날 때마다 언제나 그 사람의 이름을 부르며 유쾌하게 대화를 시작할 수 있었는데, 그것이 바로 성공의 비결이 된 것이다.

실제로, 이름을 부른 것과 그렇지 않은 것이 어떻게 다른지는 회사 내에서 흔히 느낄 수가 있다. 최 주임은 부서에 새로 들어온 신입사원에게 이렇게 말한다. "이철수 씨, 이거 총무부에 가져다주고 오세요."라고 하지만, 김 주임은 다르다. "미스터리, 이것 좀 부탁해."

이처럼 자신을 격하시키는 호칭을 들었을 때 그는 곧 자괴감에 빠져 일할 의욕을 잃고 만다. 이런 경험은 사회 초년생 때에 흔히 겪는 일이다. 상대가 나이 어린 사람이거나 경험이 많지 않은 사람일수록 윗사람은 좀 더 세심한 배려가 필요하다. 이름은 곧 그 사람을 대표하는 것이므로, 이름을 기억하는 것은 곧 그 사람을 기억한다는 의미이다. 사소하지만 이름 석 자를 기억함으로써 좀 더 의미 있는 관계를 만들 수 있다.

만나는 사람들의 이름을 정확하게 기억해서 불러야 한다. 이름을 불러주는 것만으로 상대방은 이미 당신을 포용할 자세를 갖추게 된다.

(3) Yes 법칙과 정확한 호칭의 공식

네	+	호 칭	+	내 용

Yes 법칙과 정확한 호칭의 실습

"네, 고객님! 고맙습니다."

"네, 사장님! 제가 안내해 드리겠습니다."

"네, 어르신! 많이 기다리셨죠?"

2) 상대방의 협조를 얻는 의뢰형

상대방이 알아듣기 좋게 속도, 발음, 사용언어, 음정 등을 적절하게 구사하는 기술, 즉 상대방의 기분과 상황을 중시하여 언어를 구사하는 방법을 '화법(話法)'이라 한다. 긍정의 언어가 좋다는 걸 알면서도 실제로 낯간지럽고 갑자기 바뀐 말투 때문에 주변 사람들이 이상하게 볼까봐 쉽게 긍정의 말을 사용하지 못한다. 하루아침에 바꿀 수는 없지만, 그래도 긍정의 언어를 사용하려고 애써야 하며 의식적으로 긍정의 언어로 대화를 시작해야 한다. 절대로 긍정의 말은 우리의 뇌를 춤추게 한다.

오늘 대화에서 어떤 말이 가장 기뻤는가? 오늘 어떤 말이 가장 듣고 싶었는가? "사랑해", "고마워", "감사해요", "내가 옆에서 응원하는 거 알지?" 이와 같은 사랑스럽고 즐거운 대화는 우리 몸에서 행복 호르몬이라 불리는 옥시토신Oxytocin

분비를 돕는다. 사랑과 행복을 표현할 때에 신체에서는 옥시토신을 더 많이 분비시킨다. 대신 부정적인 말투는 해로운 호르몬인 코르티솔Cortisol의 분비를 촉진시킨다.

(1) 쿠션 화법

쿠션어는 고객을 배려하는 언어라고 할 수 있다. 쿠션어는 첫째, 딱딱한 의자보다 쿠션이 있는 의자에 앉아있을 때 편안하듯이, 언어도 잘 사용하면 딱딱함을 막아주고 편안함을 느끼게 할 수 있다. 둘째, 사람과 사람 사이의 커뮤니케이션 속에 부드러운 완충역할을 하는 언어이다.

이렇게 쿠션어는 상대방에게 단호한 표현을 말하기보다는 적절한 양해의 표현을 먼저 사용하여, 미안한 마음을 전하여 상대방의 감정이 상할 수 있는 상황을 유연하게 완화시키는 화법을 '쿠션 화법'이라 한다. 쿠션 화법은 사용하면 할수록 인간관계를 좋게 만든다고 하여 매직워드Magic Word라고도 한다. 예를 들면, "죄송합니다만, 괜찮으시다면, 불편하시겠지만, 번거로우시겠지만…" 등이 있다.

예를 들어 "다시 한 번 작성해 주시겠습니까?" 앞에 "번거로우시겠지만…"을 붙이면 고객을 배려하는 느낌이 든다. 이처럼 서비스를 제공하는 사람들이 진심이 담긴 쿠션어를 사용하면 고객의 입장에서는 기분이 덜 상하고, 요청을 거절하기가 힘들어진다(박정순, 2017).

쿠션어의 예와 쿠션어를 이용한 화법 실습

"죄송합니다만~", "괜찮으시다면~", "불편하시겠지만~", "번거로우시겠지만~", "실례합니다만~", "어려우시겠지만~", "수고스럽겠지만~", "미안하지만~" ……

"~컴퓨터를 하는 동안 잠시만 기다려 주십시오."
➜ "죄송합니다만, (~컴퓨터를 하는 동안) 잠시만 기다려 주십시오." (O)

3) 고객의 공감을 얻는 수용의 화법

(1) 쿠션어와 청유형의 실습

① 기다리세요.

→ "고객님, 죄송하지만 잠시만 기다려 주시겠습니까?"

② 지금 자리에 없는데요. 메모를 남겨 드리겠습니다(무관심하게).

→ "고객님, 죄송합니다만 담당자가 자리를 비웠습니다. 번거로우시겠지만 메모를 남겨 드릴까요?"

③ OOO으로 바꿔 드리겠습니다.

→ "고객님, 제 업무가 아니라, 괜찮으시다면 담당자한테 돌려 드리겠습니다."

④ 한 3일 걸립니다(당연한 듯이).

→ "고객님, 불편하시겠지만 삼일 정도 걸립니다."

⑤ 다시 한 번 서류를 작성해 주시겠습니까?"

→ "번거로우시겠지만, 다시 한 번 서류를 작성해 주시겠습니까?"

(2) 청유형 언어

명령어보다는 밝고 친절한 목소리로 청유형의 언어를 사용하는 것도 좋다. 말하려는 문장의 어미를 "…(해 주시)겠습니까?"처럼 부드럽게 바꾸면 된다. 그러면 고객은 직원의 요청을 명령이 아닌 배려로 인식할 수 있다. 청유형 언어를 사용하면, 고객은 훨씬 부드럽고 친절하게 서비스를 받았다고 느낀다. 고객에게 강요가 아닌 스스로 선택한다는 느낌을 주기 때문이다. 격식이 있는 사업장이라면 더더욱 고객에게 청유형 언어로 표현해야 한다(박정순, 2017).

청유형 언어를 이용한 화법 실습

"이쪽으로 오세요." → "이쪽으로 오시겠습니까?"

"샐러드 바를 이용하세요." → "샐러드 바를 이용해 주시겠습니까?"

(3) 청유형과 같은 언어들을 습관처럼 사용

서비스 매니저를 교육할 때는 항상 고객에게 배려하는 언어를 습관화하기를 당부한다. 습관을 들이기 위해서는 꾸준한 노력이 필요하다. 뇌과학에서는 "내 몸에 습관을 하나 만들려면 최소한 21일이 걸리고, 63~100일이면 자연스럽게 행동으로 나온다."고 말한다. 단군신화에서 100일 동안 곰이 쑥과 마늘을 먹고 사람이 되는 것처럼 말이다. 그러므로 변화를 위해 노력의 시간을 보내야 한다. 철저하게 서비스하기 위한 자세로 변해야 한다.

서비스를 하는 사람들은 기본적인 언어에서 "고맙습니다, 죄송합니다, 감사합니다, 괜찮습니다."를 습관처럼 사용해야 한다. 평상시 가족과 친구들을 만날 때도 배려하는 언어를 사용해야 고객을 대할 때 더욱 자연스럽게 배려하는 언어가 나온다. 배려를 받은 고객은 누구에게나 자신이 배려 받은 서비스를 이야기하고 싶고, 그곳을 기억하며 다시 찾게 된다.

4) 고객의 협조를 얻는 의뢰형

(1) 의뢰형

- 사람들은 자신이 의사결정에 참여하게 될 때 명령에 긍정적인 반응을 보인다.
- 고객이 자발적으로 움직이게 하려면 명령형보다는 '청유형'이나 '의문형'으로 말하는 것이 더 효과적이다.
- 명령은 비록 불가피한 상황 속에서 내려진 것이라 할지라도, 고객의 반감을 살 수도 있다.
- 직접적인 명령보다는 '청유형'이나 '의문형'을 사용하면 상대방의 행동을 기분 좋게 변화시킬 수 있다.

(2) 상황별 정중한 표현

거절할 때	"정말 죄송합니다만, … 그 부분은 좀 어렵습니다." "곤란합니다만, 다시 한 번 방법을 찾아보도록 하겠습니다."
부탁할 때	"괜찮으시다면, ~해주시겠습니까?" "손님, OOO에 대해 부탁 말씀을 드리겠습니다."
사과할 때	"불편을 끼쳐드려 정말 죄송합니다." "~에 대한 일로 심려를 끼쳐드려 죄송합니다."

쉬어가기 "미안해요!"

미국의 심리학자 에라 게이츠(Elmer R. Gates)는 놀라운 연구결과 하나를 발표했다. 매일 긍정적인 말을 많이 하는 사람과, 욕을 많이 하는 사람 침의 침전물을 추출해 비교 분석한 것이다. 긍정적인 말을 많이 한 사람 침의 침전물은 핑크빛이고, 욕을 많이 한 사람 침의 침전물은 갈색을 띄었는데, 이를 실험용 쥐에게 투여했더니 금방 죽었다는 사실이다. 확언하건데, "감사합니다, 사랑합니다, 고맙습니다, 수고하셨습니다, 죄송합니다." 와 같은 긍정적인 언어들을 사용할수록 개인적·사회적인 행복에 도움이 된다. 또한 희망의 언어를 자주 사용하면 좋다.

더글러스 맥아더(Douglas MacArthur)는 "희망을 품으면 젊어지고, 절망을 품으면 늙는다."는 의미 있는 말을 했다. 최고 평화의 언어는 "미안해요"이다. 나는 수시로 나 자신의 부족함을 "미안해요"로 나눈다. 이를테면, 자주 연락하지 못해 "미안해요" 더 좋은 곳에서 식사하지 못해 "미안해요" 하루를 마감하면서 서로가 "미안해요"로 나눈다. 어떤 관계이든 "미안해요"라는 말이 오고가면 서먹함이나 서운함, 갈등 등이 한결 줄어들게 된다.

– 정병태(2018). 언어의 품격

쉬어가기 마음의 벽을 허무는 "고마워!"

사람은 자신이 도움이 됐다고 느꼈을 때 스스로의 가치를 실감하여 의욕에 불타오른다. "고맙습니다"는 이러한 공헌 욕구를 충족시키는 최고의 말이다.

"옆에 있어줘서 고마워", "생각해줘서 고마워", "~해줘서 고마워." 이런 말들은 일상생활의 어떤 상황에서든지 상대방의 공헌 욕구를 만족시켜 줄 수 있다. 그런데 실제로는 대부분의 일본인들은 "고맙습니다"라고 말할 타이밍에 "미안합니다"라고 말한다.

엘리베이터를 타려고 서두르는데, 문이 막 닫히기 시작할 때 '열림' 버튼을 누르고 기다려 준 사람에게 "미안합니다"라고 말하지 않는가? 선물을 사온 친구에게 "미안해"라고 하지 않는가? 전철에서 자리를 양보해 준 사람에게 "미안해요"라고 하지 않는가?

물론 '그렇게까지 해주다니 죄송하다'라는 어감으로 "미안합니다"를 사용할 수도 있지만, 이때가 바로 "고맙습니다"라고 말할 기회이다. 상대방이 당신에게 도움을 주려는 상황이므로 상대방의 공헌 욕구를 충족시키기 위해 "고맙습니다"를 사용하는 편이 더 좋다. 당신의 "고맙습니다"가 상대방의 의욕에 불을 붙인다는 것을 명심해야 한다.

당신은 "멋지네요", "잘생겼군요", "예뻐요"라고 칭찬받았을 때 자신도 모르게 "아니에요. 그렇지 않습니다"라고 대답한 적이 없는가? 그것이 사실인지 아닌지를 떠나서 상대방은 나름 용기를 내어 당신의 좋은 면을 말해준 것이다. 입장을 바꿔서 한 번 생각해 보자. 당신이 누군가를 보고 멋지다고 느껴서 "정말 멋지시네요."라고 말했을 때, 상대방이 "그렇지 않아요"라고 대답하면 조금 실망하지 않을까? 오히려 "정말로요? 기뻐요!"라고 대답한다면, 자신의 의견이 받아들여졌다는 생각이 들 것이다.

이처럼 누군가로부터 긍정적인 평가를 받을 때 당신이 어떻게 받아들이는지가 무척 중요하다. 당신이 상대방의 평가를 받아들일 때 그의 공헌 욕구가 충족되고 그로부터 새로운 의욕을 이끌어낼 수 있다. 따라서 누군가가 "멋지네요"라고 했을 때 "아닙니다. 당치도 않아요."라고 하는 대신에 "고마워요. 그렇게 말해주니 기쁩니다."라고 말해보는 것이 좋다. "예뻐요"라고 말해준 사람에게도 "고맙습니다. 제가 볼 때는 못났다고만 생각했는데, 덕분에 자신감이 생겼어요."라고 말해보면 어떨까. 그 말을 듣는 순간 상대방의 공헌 욕구가 충족될 것이다. 즉 당신의 '받아들이는 힘'이 상대방의 의욕에도 불을 붙여주는 것이다.

이렇듯 당신이 어떻게 말하고 받아들이느냐에 따라 상대방의 의욕이 솟아나서 행동으로 이어지는 경우가 있는 반면, 행동을 멈추게 되는 경우도 있다. 의욕이 왜 반드시 행동으로 이어지지 않는 것일까? 그 이유는 누구에게나 어떤 행동을 시도하기 전에 '마음의 벽'이 생기기 때문이다.

– 우라카미 다이스케 지음, 박재영 옮김(2018)

5) 상대방에게 호감을 주는 화법

(1) 맞장구 화법

상대방에게 호감을 줄 수 있는 가장 기본적인 대화의 요령은 상대방이 하는 이야기를 관심 있게 귀 기울여 들어주고 공감을 표현하는 것이다. 타이밍에 맞게 짧고 긍정적으로 상대방의 말에 호응하며 공감을 표현하는 화법을 '맞장구 화법'이라 한다. 이렇게 상대방의 말에 추임새를 넣으며 적절하게 맞장구를 치는 것은 대화를 한결 윤택하고 활력 있게 해준다.

"오! 어쩌면, 알겠어요, 네! 그렇군요, 와! 그 분야의 전문가시네요, 저런! 참 어이가 없었겠네요, 정말 뒷이야기가 궁금한데요, 그런 일이 있었군요, 그러셨어요, 세상에, 저런, 좋아!" 등을 들 수 있다. 또한 5개 맞장구 화법을 이용한 사례를 정리하면 다음과 같다.

맞장구 화법을 이용한 실습

가벼운 맞장구 : "저런", "그렇습니까?"
동의 맞장구 : "과연", "정말 그렇겠군요."
정리 맞장구 : "그 말씀은 ~이라는 것이지요?"
재촉 맞장구 : "그래서 어떻게 되었습니까?"
몸짓 맞장구 : 고개를 끄덕끄덕, 갸우뚱, 눈맞춤

자료 : 김지아 외(2015), 글로벌매너 5W1H

(2) 신뢰 화법

상대에게 신뢰를 줄 수 있는 대화법으로는 말 어미의 선택에 따라 조금씩 달라질 수 있다. 이렇게 상대에게 신뢰를 주는 것을 '신뢰 화법'이라 한다. 전체 대화의 70% 정도는 정중한 화법인 '다까체'를 사용하고, 또한 나머지 대화의 30% 정도는 부드러운 화법인 '요조체'를 사용하면 부드러우면서도 신뢰감을 주는 대화를 할 수 있다.

(사례) 신뢰 화법을 이용한 실습
요조체 : "이쪽으로 오실래요?", "바쁘시죠?"
다까체 : "제가 도와드리겠습니다.", "이쪽으로 앉으시겠습니까?"

자료 : 김지아 외(2015), 글로벌매너 5W1H

(3) 레어드 화법

사람은 "~이렇게 해!"와 같은 명령조의 말을 들으면 상대방에게 반발심이나 거부감을 줄 수 있다. 그러므로 대화 시에는 명령형으로 말하기보다는 의뢰형이나 질문형으로 말하는 것이 훨씬 더 부드러운 커뮤니케이션이 될 수 있다. 이를 미국 심리학자 레어드Laird가 주장하여 '레어드 화법'이라 한다.

레어드 화법을 이용한 실습
명령형 : "이것 좀 도와주세요."
의뢰형, 질문형 : "이것 좀 도와주시겠습니까? 또는 "이것 좀 부탁드려도 될까요?"

자료 : 김지아 외(2015), 글로벌매너 5W1H;
https://blog.naver.com/happysvc/80107782274(2010)

04 칭찬의 효과

1. 칭찬의 부메랑 효과

칭찬을 받았을 때 그것을 그대로 내 몸 안에 안고 있으면 그대로 소멸한다. 내가 받은 칭찬에 플러스 알파Plus Alpha를 더하여 상대방에게 돌려보내면, 그것이 나에게로 반드시 돌아오는데, 처음 그대로 돌아오는 것이 아니고 두세 배로

성장해서 돌아온다. 그러나 남을 칭찬하는데 인색한 사람은 인간관계에서 많은 손해를 입는다.

칭찬이란 메아리와 같다. 내가 남을 칭찬하면 그는 나를 칭찬하고, 내가 헐뜯으면 그도 나를 헐뜯는 것이다. 칭찬을 해보자. 고래도 칭찬하면 춤을 춘다.

> 우리 오늘부터 칭찬 연습을 해보자.
> ➜ "다 고객님(선생님) 덕분입니다."

1) 고객님의 충성심을 얻는 칭찬

(1) 칭찬의 중요성

- 원만한 인간관계 유지
- 상대방에 대한 관심과 배려의 출발
- 나와 상대방의 영적 교감을 이끌어내는 촉진제
  (사례) 칭찬은 고래도 춤추게 한다!
- 상대방의 숨은 능력을 이끌어 내는 촉진제
  (사례) 2002년 월드컵경기 중 차범근 해설위원의 멘트
- 칭찬은 마음의 꽃다발

(2) 칭찬의 종류

- 비언어적 칭찬
  - 스킨십
  - 따뜻한 표정
  - 미소
- 언어적 칭찬
  - 단순 칭찬

- 포인트 칭찬
- 비유 칭찬
- 소유물 칭찬

(3) 효과적인 칭찬의 방법

호 칭 → 내 용 → 밝은 표정 목소리

(4) 칭찬 실습 – 나의 짝꿍을 칭찬해 봅시다.

〈연습하기〉

....

2. 칭찬 한마디씩 짧은 대화를 나누기

사람과 사람 사이에 간단한 대화를 나눌 때, 특히 상대방의 장점을 찾아 칭찬해 주면 그 효과가 더욱 커진다. 칭찬을 받은 사람이 마지막까지 칭찬으로 느끼게 해야 한다. 그러나 한국인들은 칭찬하는데 인색하고, 또 받은 칭찬을 처리하는 데에 매우 어색해 한다. 일상생활에서 긍정적인 사고를 가지고 상대방에게 칭찬하는 생활 습관을 갖게 된다면 서로에게 활력소가 될 수 있다.

- "엄마를 닮아서 이렇게 예쁘군요."
- "참 귀엽게 생겼네요."
- "할아버님, 할머님, 두 분 참 다복해 보이시네요."
- "두 분 정말 잘 어울리세요."

- "남자친구 분이 참 멋지시네요."
- "여자친구 분이 참 미인이시네요."

3. 동기부여의 최고 수단은 칭찬하는 말

칭찬은 인간을 격려시키고 동기부여를 하는데 있어서 가장 중요한 요소로 작용한다. 칭찬은 상대의 인품과 능력을 인정하는 것이기 때문에, 그런 놀라운 작용을 하는 것이다.

세계적으로 유명한 테너 가수 엔리코 카루소Enrico Caruso는 가난한 집에서 태어나 소년시절 때부터 공장에서 일을 하며 생활했다. 그러나 그에게는 가수가 되겠다는 꿈이 있었다. 그의 어머니는 노래를 들을 때마다 칭찬을 아끼지 않아 그가 꿈을 잃지 않게 했다. 카루소는 어느 날 한 선생님을 찾아가 노래를 했다. 그러나 그 선생님은 칭찬을 하지 않았다. 침울해서 돌아오는 카루소에게 어머니는 그의 노래 솜씨를 인정해주고 칭찬해 주었다. 용기를 얻은 카루소는 얼마 후 다시 다른 선생님을 찾아갔다. 그 선생님은 카루소의 노래를 듣고는 칭찬을 아끼지 않았다. 그때부터 더욱 열심히 노력하여 세계 최고의 테너가수가 되었다.

효과적으로 칭찬하는 방법에는 다음과 같은 4가지 방법이 있다.

첫째, 그 사람의 외모를 칭찬한다.

사람들은 무엇보다도 외모에 대해서 칭찬을 들으면 좋아한다. 특히 오늘날 같은 외모지상주의에서 외모를 칭찬하면 더욱 호감을 얻는다.

둘째, 그 사람이 한 일을 칭찬한다.

한 일을 칭찬하는 것은 그 사람의 능력을 인정하고 칭찬하는 것이 된다. "잘했어", "너에게 이런 능력이 있는 줄 미처 몰랐어."라고 말하는 것과 같이, 능력에 대한 칭찬은 더욱 잘할 수 있도록 하는 동기부여가 된다.

셋째, 그 사람의 가치를 칭찬한다.

이것은 상대의 인격을 칭찬하는 것이 된다. "너는 기대를 버리지 않게 하는 멋진 친구야."라고 말하는 칭찬은, 그 사람의 가치를 인정하는 칭찬이 된다.

넷째, 그 사람의 장점을 칭찬한다.

사람은 누구나 장점과 단점을 가지고 있다. 장점을 찾아 칭찬하면 어떤 칭찬보다도 효과가 있다. 사람은 장점을 보기보다는 단점을 보기가 쉽고, 장점을 하기보다는 단점을 지적하기 쉬운 것이 인간의 본능이기 때문에, 장점을 찾아 칭찬을 하면 상대는 감사함을 느낀다(브루스패튼, 김주영 편역, 센스 있는 말 한마디, 2019).

4. 포인트를 찾아 칭찬하라

칭찬을 잘하는 데도 노력과 훈련이 필요하다. 상대방이 신경을 쓰는 포인트를 찾아 구체적으로 칭찬하는 연습을 해야 한다.

어느 한 회사는 팀별로 '하루 한 가지 칭찬하기 운동'을 했다고 한다. 매일 얼굴을 대할 때마다 한 가지씩 칭찬을 해 주었는데, 팀의 단결과 분위기 전환에 매우 효과적이었다. 단, 한 가지 조건은 '포인트를 찾아 칭찬을 해야 한다'는 점이다.

"오늘도 넥타이 멋있는데요."라는 말은 아니다. 어제와 다른 포인트를 찾아야 한다. "머리 잘랐군요. 아주 잘 어울리세요."가 아니라, "지난번보다 샤프해진 것 같아요. 잘 어울리세요."라고 구체적으로 칭찬을 해야 한다. 칭찬은 상대방이 원하는 포인트를 찾아 구체적으로 할수록 그 힘을 발휘한다.

5. 칭찬의 승리

2002년 6월은 월드컵의 열기로 온 나라가 흥분과 격정에 휩싸인 한 달이었다. 물론 단순히 월드컵을 개최했기 때문만은 아니다. 한반도 전체가 열광의 도가니로 변한 것은 한국축구가 월드컵 16강 진출이라는 목표를 뛰어넘어 4강 진출이라는 위업을 달성했기 때문이다. 그로 인해 '붉은 악마'로 대표되는 대한민국 국민들은 무엇이든 해낼 수 있다는 자신감을 선물로 얻었다.

월드컵에서 축구대표팀과 붉은악마가 거둔 승리를 '칭찬의 승리'라고 표현하고 싶다. 한국 축구대표팀에 대한 붉은악마들의 지속적인 믿음과 격려가 없었다면, 축구대표 선수들 개개인에 대한 히딩크 감독의 전폭적인 신뢰와 칭찬이 없었다면 월드컵 4강의 진출이라는 신화도 없었을 것이다.

그렇다면 일상생활에서 보면, 회사와 가정에서 부하직원이나 아이들이 어떤 일을 잘하고 있을 때 그 잘한 일에 관심을 갖는 상사나 부모는 드물다. 흔히 상사나 부모가 부하직원이나 아이들에게 관심을 갖는 순간은 무언가 잘못되거나 문제가 생겼을 때가 대부분이다. 반대로, 문제가 없거나 잘하고 있을 때 사람들은 무관심하다.

이렇듯 우리가 실제 살아가는 현실은 '긍정적인 것에 대한 관심'과는 너무나 거리가 멀기 때문에, 긍정적인 것에 관심을 가지라고 강조한다. 긍정적인 일에 관심을 갖고, 부정적인 일이 생겼을 때 긍정적인 방향으로 유도하는 행동방식을 '고래 반응'이라 표현한다. 왜 고래 반응인가? 그것은 범고래 훈련과 관련이 있다. 무게가 수천 파운드나 되는 범고래가 수면 위로 솟아 있는 줄을 넘어 점프할 수 있도록 하기 위해 조련사는 항상 고래를 칭찬하고 긍정적인 관계로 이끌어가는 방법을 사용하기 때문이다.

사람도 마찬가지다. 잘한 일을 칭찬해 주었을 때 더욱 잘하려고 한다. 그러나 우리의 일상생활은 '고래 반응'과 정반대인 '뒤통수치기 반응'으로 점철되어 있다. '뒤통수치기 반응'이란 잘할 때는 무관심하다가, 무언가 잘못되었을 때 갑자기 뒤통수를 치면서 화를 내는 것이다.

칭찬이라는 말은 누구나 좋아한다. 또 누구나 그 말의 뜻을 잘 알고 있다. 그러나 실제 우리의 삶은 칭찬과 격려보다 질책과 부정적인 반응, 그리고 무관심에 둘러싸여 있다. 그러한 현실은 실제로 우리가 칭찬의 의미와 방법을 정확히 모르고 있다는 것을 반영한다. 특히 칭찬의 방법에 대해서는 너무도 모른다.

컨설팅 중 칭찬의 중요성에 대한 이야기를 하면 사람들은 다음과 같은 말을 많이 한다.

"긍정적인 면을 눈씻고 찾아봐도 찾을 수 없는데, 어떻게 합니까?"

"잘못한 것도 칭찬해야 합니까?"

"사소한 일을 잘했을 때도 보상을 해야 합니까?"

이러한 말들은 우리가 '칭찬하기'와 '칭찬받기'에 익숙하지 않고 칭찬을 일상화하지 못하고 있다는 것을 잘 보여준다. 칭찬을 통해 인생에서 승리할 것인가, 무관심과 질책으로 어제와 똑같은 삶을 살아갈 것인가의 선택은 여러분 스스로에게 달려 있다. 칭찬은 결코 배신하지 않는다. 칭찬의 힘은 우리가 상상했던 것 이상으로 위대한 것이다.

1) 켄 블랜차드Ken Blanchard의 칭찬 10계명

- 칭찬할 일이 생겼을 때는 즉시 칭찬하라.
- 잘한 점을 구체적으로 칭찬하라.
- 가능한 한 공개적으로 칭찬하라.
- 결과보다는 과정을 칭찬하라.
- 사랑하는 사람을 대하듯 칭찬하라.
- 거짓 없이 진실한 마음으로 칭찬하라.
- 긍정적으로 관점을 전환하면 칭찬할 일이 보인다.
- 일의 진척사항이 여의치 않을 때 더욱 격려하라.
- 잘못된 일이 생기면 관심을 다른 방향으로 유도하라.
- 가끔씩 자기 자신을 스스로 칭찬하라(켄 블랜차드 외 지음, 조천제 옮김, 2015; 서비스 BASIC, 2004).

6. 칭찬의 함정효과

아무리 엄격한 사람도 칭찬 앞에는 장사가 없다. 상대방을 설득할 때는 우선 기분을 좋게 만들어야 한다. 사람은 마음이 쾌적한 상태여야 움직이기 때문이다. 기분을 좋게 하는 작전 중 하나가 '웃는 얼굴을 보여주는 것'이라고 했는데, 또 다른 방법을 제시한다면 바로 '칭찬'이다. 누구나 칭찬을 받으면 기분이 좋아진다. 설령 그게 농담이라 해도 기분이 그리 나쁘지 않다. 칭찬을 받으면 그냥 기쁘다. 기분이 좋은 상태인 사람은 거절하는 말을 잘할 수가 없다.

텍사스의 A & M대학교의 샬린 뮈렌하드C. L. Muehlenhard는 남성이 여성을 칭찬한 후에 전화번호를 묻거나 데이트를 신청하게 되면, 그에 응할 확률이 높아진다는 사실을 실험으로 확인했다.

상대방에게 부탁하고 싶다면, 먼저 충분히 칭찬을 해야 한다. 이 규칙을 제대로 지킨다면, 웬만하면 들어준다. 특히 대부분의 남성들은 칭찬에 서투르다. 그중에서도 자신의 아내에게 칭찬하기를 인색해 한다.

상대방을 칭찬할 때는 어설프게 칭찬하면 오히려 부끄러워지므로, 과장스럽게 칭찬하는 것이 중요하다. 예를 들어, 아내를 칭찬할 경우에는 "당신은 클레오파트라보다 훨씬 아름다워요."라고 하고, 남편을 칭찬할 경우에는 "당신은 나폴레옹보다 훨씬 남자다워요."라는 식으로 말한다. 과장스러운 말로 칭찬해야 자신도 부끄럽지가 않다. 농담으로 완곡하게 표현해도 칭찬은 칭찬이기에 충분한 효과가 있다. 즉 어설픈 칭찬보다는 과장스러운 칭찬이 덜 부끄럽고 효과도 좋다(나이토 요시히토 지음, 김한나 옮김, 2019).

긍정적이고 듣기 좋은 말

쉬어가기 긍정적인 사람은…

긍정적인 사람은 스트레스를 덜 받는다.
긍정적인 사람은 사랑스럽다.
긍정적인 사람은 자신의 감정을 잘 조절한다.
긍정적인 사람은 아픔이 빨리 치유된다.
긍정적인 사람은 자존심을 지킨다.
긍정적인 사람은 자신이 원하는 것을 떳떳이 요구한다.
긍정적인 사람은 도움이 되는 친구들과 함께 한다.
긍정적인 사람은 가시가 있는 장미의 아름다움을 감상할 줄 안다.

긍정적인 사람은 “아직 반이나 남았네.”라고 말한다.
긍정적인 사람은 지난날의 실수에 연연하지 않는다.
긍정적인 사람은 불평하고 걱정하는 것이 시간낭비라는 사실을 안다.
긍정적인 사람은 타인에게 힘과 용기를 줄 때 기쁨을 발견한다.

긍정적인 사람은 이쪽 문이 닫혀있을 때 저쪽 문이 열려있다는 사실을 안다.
긍정적인 사람은 다른 사람이 장애물이라 생각하는 것을 기회라 여긴다.
긍정적인 사람은 삶의 허무보다는 삶의 보람을 보려 한다.
긍정적인 사람은 남을 조절하고 통제하기보다 자신을 조절하기에 힘쓴다.

긍정적인 사람은 상처보다는 축복을 더 중요하게 생각한다.
긍정적인 사람은 적보다는 친구에 더 관심을 갖는다.

긍정과 더불어 하루를 시작하자.

– 국제매너센터

05 사람을 우쭐하게 만드는 힘, 인정하는 말

1. 미국의 작곡가 '포스터'의 예

19세기 미국의 작곡가 스티븐 콜린스 포스터Stephen Collins Foster는 〈스와니 강〉, 〈켄터키 옛집〉, 〈금발의 제니〉 등 세계적으로 많이 알려진 가곡을 작곡한 작곡가이다. 그가 그런 유명한 작곡가가 될 수 있었던 것은 그의 집안을 도와주는 흑인 가정부 덕분이었다.

포스터Foster는 자신이 만든 곳에 대해서 항상 자신이 없었다. 그래서 곡을 만들면 세상에 내놓기 전에 가정부에게 들려주었다. 그러면 가정부는 귀를 기울여 들은 후 그에게 아낌없는 칭찬을 해 주었다.

"이렇게 훌륭한 곡은 이 세상 어디에서도 들을 수 없을 거예요. 정말 아름다운 곡이에요."

그 칭찬에 우쭐해진 포스터는 또 곡을 만들어 들려주었고, 가정부는 더욱 큰 칭찬으로 그의 의욕을 북돋아 주었다. 그 결과 그는 전 세계 사람들이 즐겨 부르는 곡을 만드는 위대한 작곡가가 되었다.

그가 수많은 명곡을 작곡할 수 있었던 것은 가정부의 인정이 있었기 때문이다. 이 흑인 가정부는 아무런 교육도 받지 못했다. 또 음악에 대해서 아는 것도 없었다. 하지만 누구에게나 타인의 인정을 받고자 하는 욕구가 있다는 사실을 알 만큼 그는 지혜로웠던 것이다.

인정에는 이렇게 사람들을 우쭐하게 만드는 힘이 있다. 이 힘은 잠재력과 가능성을 최대한 발휘하도록 북돋운다. 따라서 특히 상사나 윗사람은 부하직원이나 아랫사람을 지도하는 자리에 있다면, 인간에게 잠재되어 있는 이 인정욕구를 알고 상대를 이해하고 전폭적으로 인정해 줄 수 있는 능력을 갖추어야 한다. 바로 상대방을 인정하는 것, 그리고 진심어린 칭찬의 말 한마디는 미운 사람까지도 자기편으로 만들 수 있는 열쇠이다.

반대로, 인정받지 못하고 언제나 무시당하는 사람은 절망적인 상태에서 생활하게 된다. 그런 사람은 갈등에 빠지게 되거나 위기에 처하면 엄청난 타격을 받는다.

2. 영국 수상 '처칠'의 예

영국의 전 수상 처칠은 수상 재직 시 바쁜 일이 있어 급히 가다가 사거리에서 교통신호를 위반했다. 그때 처칠은 교통경찰에게 자신이 처칠이라고 말하면서 선처를 호소했다. 그러자 교통경찰은 이렇게 말하며 거절했다.

"당신은 가짜요, 진짜 처칠 수상은 절대로 교통위반을 하지 않소. 우리 수상은 절대로 교통신호를 지키지 않을 리 없오."라고 인정해 주는 말에 그는 감동을 하였다. 그때부터 더욱 작은 법규라도 엄격히 지키게 되었으며 국가와 국민을 위해 헌신적으로 일했다.

전폭적으로 인정해 주는 사람이 있다는 것은 든든한 후원자가 있다는 것과 마찬가지이다. 그러한 사람이 있을 때 우리는 무슨 일이나 자신 있게 할 수 있게 된다. 그러나 아무리 애를 쓰고 따뜻한 마음을 보여도 인정할 줄 모르는 사람도 있다. 이런 사람은 깊은 인간관계를 맺을 수가 없다. 인정한다는 것은 능력을 믿는 것이며, 말이나 행동을 올바르게 한다는 것을 믿는 것이며, 인격과 품격을 믿는다는 것이다(브루스패튼, 김주영 편역, 2019).

쉬어가기 이제 나도 주목받는 사람이 될 수 있다!

같은 말을 해도 어떤 사람이 하느냐에 따라 주위 사람들이 보이는 관심이 달라진다. 어떤 사람은 한마디만 해도 항상 관심의 대상이 되고 주목을 받는데, 왜 나는 그렇지 못한 것일까? 여기 그런 사람을 위한 10가지 비법을 소개한다. 난 원래 인기 없는 사람이라고 투덜대지만 말고, 적극적으로 활용해 보자.

- '거짓말을 하지 않는다.' 사람들에게 신뢰를 주지 못한다면 결코 주목받을 수 없다.
- '남의 험담을 하지 않는다.' 험담보다는 칭찬을 잘해야 한다.
- '항상 미소를 띠고 잘 웃는다.' 미소 자체는 잠깐이지만, 그 이미지는 상대의 뇌리에 영원히 남는다.
- '겸손한 자세를 유지한다.' 잘난 척하는 사람의 주위에는 아무도 모이지 않는다.
- '신경질을 내지 않는다.' 여름철 날씨처럼 변덕이 심한 사람은 주위 사람의 기분까지도 망친다.
- '밝은 표현을 많이 한다.' 밝은 표정에 밝은 목소리로, 밝은 내용의 말을 하면 밝은 사람으로 기억된다.
- '자기를 적극적으로 알린다.' 말 안하고 가만히 있으면 아무도 나를 몰라준다.
- '조건 없이 사람들을 좋아한다.' 나를 좋아하는 사람만 좋아한다면, 대인관계의 폭은 그만큼 좁아진다.
- '자신의 허점을 적당히 노출시킨다.' 완벽한 사람은 존경할 수는 있어도, 호감은 가지 않는다. 그러나 중대한 결점을 노출시키면 무시당할 수도 있으므로 조심해야 한다.
- '대화할 때 개인적인 화제를 끌어낸다.' 취미, 가족, 건강 등의 화제는 친밀감을 높이는 가장 빠른 길이다.

이 미 지 메 이 킹

매너와 커뮤니케이션 스킬

제4장

비즈니스 매너

이 미 지 메 이 킹

매너와 커뮤니케이션 스킬

01 다양한 비즈니스 매너

미국 콜롬비아대학 MBA 과정에서 기업 CEO들을 대상으로 '당신의 성공에 가장 큰 영향을 준 요인은 무엇인가?'를 조사한 결과, 응답자의 93%가 대인관계의 매너Manner를 꼽았으며, 나머지 7%만이 '실력'이라고 대답했다. 고객과의 만남이 많거나 고객 회사를 방문할 일들이 많은 대표들에게 비즈니스에 도움이 될 수 있는 쉽고도 필수적인 매너 몇 가지를 소개한다.

1. 악수하는 매너

악수의 유래는 로마시대로 거슬러 올라간다. 로마인들에게 손은 신뢰의 상징으로, 악수하는 행위 자체가 상대방을 신뢰한다는 표시였다. 중세시대에 악수는 무기가 없고 적의가 없음을 확인시키기 위한 수단이었다.

오늘날 악수는 가장 일반적이면서도 보편적인 인사법이다. 손윗사람이나 상사가 먼저 악수를 청할 수 있다. 악수할 때는 똑바로 서서 허리를 구부리지 않은 상태에서 표정을 부드럽게 하고 미소를 지으면서 상대방의 눈을 보아야 한다. 악수할 때 손에 지나치게 힘을 주거나 너무 느슨하게 잡는 것도 예의가 아니다. 손을 적당한 힘으로 맞잡고 2~3회 가볍고 자연스럽게 흔들어주면 된다.

악수는 서양에서 온 것이지만, 매너Manner라는 것은 그 나라의 문화와 잘 접목하는 것이 중요하다. 한 예로, 우리나라에서는 손윗사람과 악수를 할 때 왼손을 아랫배 부분에 가져다 대거나, 왼손을 오른팔에 받쳐 악수를 해도 무관하다.

1) 악수를 할 때 고려할 5대 필수사항

- 미소Smile : 따뜻한 미소로 긍정적 느낌을 전달
- 눈맞춤Eye-contact : 시선을 교환하며 진실한 느낌을 전달

- 적당한 거리Distance : 서로 팔꿈치 아래쪽을 뻗어 손을 맞잡을 수 있는 거리 유지
- 리듬Rhythm : 2~3회 정도 힘있고 경쾌하게 흔들어 산뜻한 느낌을 전달
- 알맞은 힘Power : 너무 세서 압도한다거나, 약해서 무관심한 느낌이 들지 않도록 힘을 조절

2) 악수 건네는 순서

일반적으로 악수는 명함 교환과는 반대이고, 손윗사람이 아랫사람에게 먼저 손을 내미는 것을 원칙으로 한다.

- 연장자 ➜ 연소자
- 지위가 높은 사람 ➜ 지위가 낮은 사람
- 선배 ➜ 후배
- 기혼자 ➜ 미혼자
- 여성 ➜ 남성

3) 잘못된 악수의 유형

- Dead Fish형 : 죽은 물고기를 잡듯 느슨하게 잡는 형태로, 상대에게 무관심한 느낌을 전달

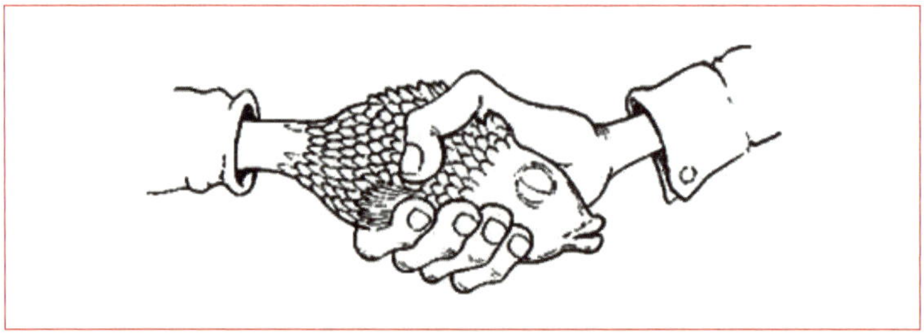

자료 : https://www.magicalapparatus.com/body-language-2/hand-shake-styles.html/악수매너

- Bone Crush형 : 뼈가 으스러질 듯 꽉 잡은 형태로, 상대를 꼭 이기겠다는 도전적 느낌을 전달

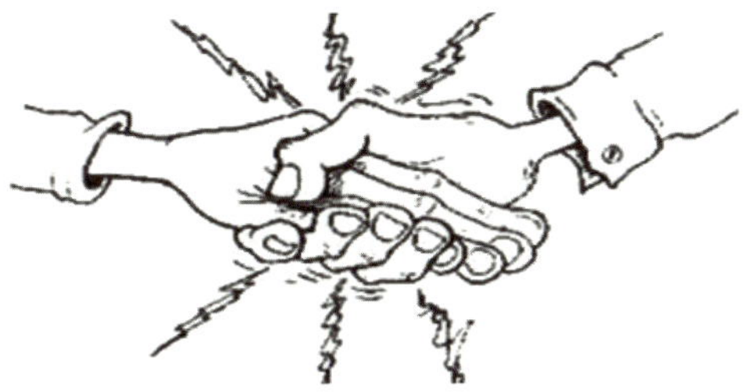

자료 : https://www.magicalapparatus.com/body-language-2/hand-shake-styles.html/악수매너

- Finger Pinch형 : 손가락만 세게 쥐면서 악수하는 유형

자료 : https://www.magicalapparatus.com/body-language-2/hand-shake-styles.html/악수매너

4) 적절하게 악수하는 매너

악수를 할 때는 적당한 힘을 주면서 상대방의 손을 잡는다.

악수하는 매너

2. 명함 매너

명함(名銜)은 제2의 얼굴이다. 명함은 깨끗한 상태로 여유 있게 명함 케이스에 보관한다. 반드시 두 손으로 건네며, 명함을 다룰 때는 상대방을 다루듯이 한다. 사업하는 사람들은 하루에도 여러 번이나 명함을 주고받게 된다. 이때 받은 명함을 어떻게 주고받고 보관하느냐가 중요하다.

명함은 보통 방문하는 사람이 먼저 건넨다. 하급자가 상급자에게 먼저 건네는 것이 통례이며, 사업자 및 영업사원이라면 고객에게 먼저 명함을 건네야 한다. 명함을 건넬 때는 명함 끝 양쪽 여백 부분을 잡고, 또는 오른손으로 잡고 왼손을 살짝 대서 공손하게 건넨다. 명함의 방향은 받는 쪽에서 이름 등을 바로 읽을 수 있도록 한다. 그리고 건네면서 본인의 소속과 이름을 밝혀야 한다.

명함을 받을 때는 목례를 하며 양손으로 공손하게 받는다. 받은 후 바로 명함지갑에 넣지 말고, 명함에 대한 코멘트를 한다. 명함디자인, 회사명, 상대방의 이름 등의 인사말로 적절한 반응을 보이고, 상대방의 이름과 직책을 확인하여 미팅 과정에서의 실수를 미연에 방지한다.

명함을 받은 후 궁금한 부분을 물어보는 것은 관심의 표현이지 실례가 아니다. 하지만 대화 중 받은 명함에 메모 또는 낙서를 하는 것과 미팅 후에 명함을 놓고 오는 것은 예의에 어긋나는 행동이다.

1) 명함의 의의 및 용도

이름, 주소, 직업, 신분, 연락처 등을 적은 '조그마한 종이'라는 사전적 의미를 지니고 처음 만난 사람에게 나 자신을 설명하는 하나의 도구이다. 그리고 자신이 소속된 회사나 단체를 알리는 기능을 할 뿐만 아니라, 개인이나 회사의 이미지를 전달하는 중요한 수단이다.

서양에서 명함을 주고받는 일은 서로의 관계를 더욱 친밀하게 하기 위한 예의로 인식되어, 비즈니스의 경우를 제외하고는 초면에 쉽게 명함을 교환하지는 않는다. 우리나라를 비롯한 동양권에서는 초면에 자신이나 회사를 소개하고 알리는 용도이자 수단으로 명함을 사용한다.

명함을 서로 주고받을 때는 아랫사람이 먼저 건네는 것이 바른 매너이다. 이때 먼저 받은 사람은 "OOO이시군요." 하고 확인을 한 후에 "저는 OOO입니다." 하고 명함을 건넨다. 또한 모르는 글씨가 있어서 상대방의 이름을 알 수 없을 때에는 그 자리에서 확인을 해야 한다.

2) 명함은 어디가 아래인가요?

명함을 사용해 보지 않은 사람은, 처음에는 명함을 주고받는 것 자체가 어색하고 부끄러울 수 있다. 하지만 사회생활에서는 명함이 상식이고, 첫 만남에서 명함을 주지 않는 것이 오히려 실례가 된다.

그러므로 명함을 주고받으면서 쑥스러워할 필요는 전혀 없으며, 겸손하되 당당해야 한다. 명함을 전달할 때도 손끝에 힘을 주고 정확하게 "××회사 OOO입니다. 잘 부탁드립니다."하고 또박또박 말하는 것이 좋다.

명함을 주고받을 때는 상대방을 배려해야 한다. 두 손으로 명함을 쥐고, 상대방이 내 이름을 잘 볼 수 있도록 내게는 거꾸로 된 방향으로 내밀어야 한다. 그리고 회사의 CICorporate Identity를 가리지 않도록 조심해야 한다. 또한 명함의 앞과 뒷면에 한글과 외국어가 있을 시는 전달받는 상대방의 국적에 따라 앞·뒤가 바뀌게 전달해야 된다. 예를 들어, 한국에서 한국인에게 전달할 때는 한글, 미국인에게 전달할 때는 영어, 중국인에게 전달할 때는 한자 등 외국어가 앞이 된다. 그리고 명함지갑을 준비하고 없을 시는 미리 꺼내놓는 것 또한 매너이다. 명함을 꺼낼 때 가방 혹은 윗주머니 어딘가에서 허둥지둥 꺼내며 전달하는 것은 큰 실례이다.

> 상대방이 내 이름을 잘 볼 수 있도록 거꾸로 건넨다.

3) 명함은 동시에 교환하나요?

명함을 주고받을 때는 기본적으로 아랫사람이 윗사람에게 먼저 명함을 건네고 인사한 후에 윗사람의 명함을 받는다. 그러나 사실 명함을 주고받는 순서는 상대방의 행동에 따라 그때그때 융통성 있게 달라질 수 있다. 상대방과 명함을 교환하려고 명함을 꺼냈다가, 상대가 아직 명함을 교환할 준비가 안 되어 있다면 명함을 꺼내든 상태에서 잠시 기다리도록 한다. 그 뒤에 상대가 명함을 꺼내들면 자연스럽게 통성명을 하면서 서로 주고받으면 된다.

명함을 내밀 때는 두 손으로 하는 것이 기본이지만, 상대방이 함께 명함을 주게 될 경우는 상대방의 명함과 맞교환을 하면 된다. 방법은 오른손으로 주고, 자연스럽게 왼손으로 상대방의 명함을 받으면 된다. 명함 교환 시 좋은 첫인상을 남길 수 있도록 융통성 있게 상대방이 불편하지 않게 하는 것이 중요하다.

> 아랫사람이 먼저 건네며, 동시에 교환을 해도 상관이 없다.

4) 명함을 받은 다음동작은 어떻게 해요?

명함을 건넨 후 미팅을 하는 동안에 상대방이 내 명함을 자꾸 만지작거리는 모습을 보게 되면 신경이 쓰인다. 간혹 만지작거리다가 미팅이 끝난 후 바닥에 떨어뜨리거나 놓고서 가는 사람도 있다. 명함은 그 사람을 대신하는 것이기 때문에 함부로 다루는 것은 큰 실례이다.

명함을 건네받은 다음에 바로 주머니나 수첩 등에 넣지 말고, 만난 자리가 끝나기 전까지는 눈에 보이게 두는 것이 좋다. 앉아서 미팅을 진행할 시는 테이블 위에 올려놓도록 한다. 명함지갑이 있다면 그 위에 올려놓는 것이 좋다. 상대방의 부서와 직함 등을 빨리 기억하되, 그렇다고 대화 도중 명함을 자꾸 들여다보지 않도록 한다. 그리고 용무가 끝난 후에 받은 명함은 잘 보관해 둔다.

분실하면 나중에 곤란한 경우를 겪게 되는 경우도 있다. 명함에는 앞면이나 뒷면에 여백이 있다. 많은 사람을 상대하는 경우에는 누가 누군지 모를 때가 있다. 이럴 때 뒷면에 간단한 내용을 메모해 두면 도움이 된다(물론 메모는 상대방과 헤어진 다음에 즉시 기억을 되살려서 적는다).

5) 명함 교환의 순서와 절차는 어떻게 되나요?

명함은 자신을 상대방에게 확실히 상기시키는 절호의 찬스이므로, 명함 교환 시 기본적인 순서를 익혀야 한다.

① 상대방 얼굴을 보면서 "처음 뵙겠습니다."라고 말하고, 인사한 후에 앞으로 나아간다.

> "주식회사 XX의 OOO과장입니다."라고 자신의 이름과 직함을 말하면서 명함을 양손으로 내밀고, 건네기 직전에 맞교환이 될 경우엔 오른손만 명함을 들고 상대방의 왼손에 놓을 수 있도록 하며 본인도 왼손으로 받는다.

② 명함을 받아든 손의 위치는 가슴 높이로 들고, 두 손으로 받아든 명함을 읽어본다.

> "진짜로 부장님, 말씀 많이 들었습니다. 잘 부탁드리겠습니다."라고 말하며 가볍게 목례를 한다. 그리고 부드럽게 상대방의 눈을 바라본다.

③ 자리에 앉을 때 받은 명함을 명함집 위에 올려놓으면 더욱 정중하게 보인다. 두 손으로 주고받는 연습과 동시에, 맞교환 시 오른손으로 주고 왼손으로 받는 연습도 해야 한다.

6) 한자 명함을 받고 당황한 적은 없나요?

최근에는 명함에도 개성이 드러나는 경우가 많다. 명함만 보고도 그 사람이 무슨 일을 하는지 알 수 있는 경우가 많다. 간혹 앞에는 한자, 뒤에는 영문 이니셜만 있어 이름을 잘 알 수 없는 명함도 있는데, 이럴 때는 어떻게 해야 할까?

일단 명함을 받고 인사를 나눈 후, 상대의 이름을 알 수 없다면 직접 물어봐도 절대 실례가 아니다. 기본적으로 받은 명함의 모든 한자를 모르는 것이 아니라면, "죄송합니다만, 한자가 어렵네요. 가운데 한자가 어떻게 되나요?" 전혀 모르겠다면, "죄송합니다만, 한자가 어렵네요. 성함을 어떻게 읽어야 하나요?" 라고 상대방에게 물어보아야 한다. 그러면 상대방은 기분 좋게 자신의 이름을 알려줄 것이다. 혹시라도 무식하다고 생각할까봐 걱정이 된다면, 나중에 회사 홈페이지나 회사에 들어가 찾아보아도 좋다. 그 자리에서 추측해서 생각하고 이름을 잘못 이야기하는 무례를 범하지 않아야 한다.

> 명함 교환 시 모르는 한자 이름을 물어보는 것은 매너이다.

7) 명함 없이 인사했는데, 이름을 기억 못하겠어요.

분명히 인사하면서 서로 이름을 불러주었는데, 다시 부르려니 기억이 나질 않는다. 다시 물어보긴 어색할 것 같고, 이런 경우는 어떻게 해야 할까?

처음 만나는 사람과 인사를 했는데, 상대방에게 명함을 받지 못했다면 "괜찮으시다면 제 명함에 성함을 적어놓아도 괜찮을까요? 제가 기억력이 좋지 못해서 성함을 잊을까봐서요."라고 양해를 구하고, 자신의 명함을 한 장 꺼내어 여백에 상대의 이름과 소속, 직책 등(가능하다면 연락처까지)을 적어놓는 것도 좋은 방법이다. 이렇게 하기 어려운 상황이라면, 지나가는 말처럼 농담식으로 "다음에 뵐 때 다시 성함을 물어봐야 할지도 모르겠네요." 하면서 상대방이 자연스럽게 양해하도록 부드러운 분위기로 유도하는 것도 한 방법이다.

예전에 만난 사람인데 이름이 잘 기억이 안 난다면, 정직이 최선이듯이 솔직하게 양해를 구하고 다시 물어보는 것이 좋다. 다행히 굳이 이름을 부르지 않아도 되는 관계라면, 내색하지 말고 기회를 봐서 다른 사람을 통해 이름을 확인하도록 해야 한다.

굳이 이름을 불러야 한다면, 정직이 최선이다. 솔직하게 양해를 구해야 한다.

8) 다음에 기억하기 위해서 받은 명함에 무엇을 적어요?

상대방과 명함을 교환한 후에 한참동안 이야기를 하고 나서 뒤돌아서면, 도대체 내가 무슨 이야기를 했는지 까맣게 잊어버리는 경우가 있다. 그뿐이 아니라 이 사람이 누구였더라? 어디서 만났지? 등의 머리가 하얗게 되는 경우도 있다.

무엇보다 상대방을 기억하기 위해서는 명함에 간략하게 그 특징을 적어두면 좋다. 그렇다고 상대방이 보는 앞에서 명함에 직접 메모를 하는 것은 실례이다. 반드시 미팅이 끝나고 헤어진 후에 명함교환 날짜, 만남의 목적, 상대의 특징, 필요하다면 유의사항 등을 기록하면, 한참 시간이 지난 후에도 그 사람을 쉽게 떠올릴 수가 있다.

예를 들면, 상대의 특징이라면 '긴 생머리에 뿔테안경 낌, 업무 외 이야기 싫어함' 등처럼 쉽게 이미지를 떠올릴 수 있는 내용을 적어두면 좋다. 칵테일파티나 모임에서 한꺼번에 여러 사람과 인사를 했을 때는, 명함을 받아놓고도 정작 명함과 사람이 연결되지 않을 수도 있다. 처음 명함을 받아서 상대방의 명함을 받은 순서대로 배열해 놓고, 기억이 사라지기 전에 미리 준비된 작은 포스트잇에 내용을 적도록 해야 한다.

명함교환 날짜, 만남의 목적, 상대의 특징 등을 메모해 둔다.

9) 인사하려는데, 명함을 안 가져갔으면 어떻게 하죠?

지난 미팅에서 명함을 모두 사용했는데, 다시 채우는 것을 잊고 다른 방문한 업체와 중요한 미팅을 할 때, 상대의 고객이 명함을 돌리는데 준비된 명함이 없으면 당황스럽다. 떨어졌다고 이야기해야 할까?

사람을 만나서 자신을 소개하는데 명함만큼 확실한 효과를 얻을 수 있는 것은 없다. 명함은 그 사람을 표현하는 도구이며 상대방이 자신을 한눈에 알아볼 수 있게 하는 훌륭한 미디어 역할을 하기 때문이다. 아무리 외모가 멋져도 행동에서 우러나오는 기품이 없다면 상대방에게 좋은 이미지를 심어주는 것은 불가능하다.

명함을 안 가져갔다면 메모지를 이용해서라도 이름과 연락처를 적어서 건네야 한다. 상대방의 명함을 받은 상태에서 자신의 명함이 없다고 그냥 넘어가는 것은 상대방을 내 편으로 만드는데 실패한 것이다. 만약 이마저도 어렵다면, "죄송합니다, 명함 준비를 못했습니다. 다음에 꼭 준비하겠습니다."라고 고백해야 한다.

아주 중요한 상대였다면, 다음날 어제의 만남에 대한 고마움과 명함에 대해 다시 한 번 죄송함을 전달하는 간단한 편지를 직접 써서 봉투에 명함을 동봉하여 보내야 한다.

> 명함이 없다고 그냥 지나치지 말고 메모지에 간단히 적어 건넨다.

10) 명함 매너를 정리하면 다음과 같다.

명함은 사회에서 자신을 소개하는 것으로 항상 휴대하고 소중히 다룬다.

(1) 명함을 건넬 경우

• 자신의 이름을 상대방 쪽에서 보이게 돌려 두 손으로 건넨다.

- 일어서서 정중히 인사한 뒤 자신의 회사명과 이름을 밝힌다.

(2) 명함을 받을 경우
- 상대방에게 내 이름이 바르게 보이도록 명함을 오른손으로 건넨다.
- 상대방이 명함을 줄 때는 가볍게 인사를 하면서 두 손으로 받아 손가락이 글자를 가리지 않도록 한다.
- 명함을 가슴 부근까지의 높이로 들고 본다.
- 명함을 보면서 방문객의 회사명, 성명, 직책명 순으로 읽은 후 상대방의 표정을 보면서 확인을 구한다.
  "OO물산 심OO 부장님이시군요."
- 읽기 힘든 글자가 있으면(어려운 한자) 바로 묻거나 또는 명함 뒷면의 영문 성명을 참고하도록 한다.
- 자리에 앉은 후에는 받은 명함을 명함집 위에 올려둔다.
- 남자는 명함을 상의 안쪽 주머니, 여자는 핸드백에 소지한다.

(3) 명함을 교환할 경우
- 명함을 교환할 경우에는 아랫사람이 먼저 명함을 건네지만, 동시교환도 무방하다.
- 상대가 두 사람일 경우에는 손윗사람에게 먼저 준다.
- 방문객의 경우 방문한 사람이 먼저 명함을 주도록 한다.
- 마주 교환하는 경우는 오른손으로 자신의 명함을 내밀고 왼손으로 상대의 명함을 받는다.

(4) 명함 취급 시 주의할 사항
- 명함은 한 손으로 받지 않는다.
- 대화 도중 명함을 만지작거리거나 손장난을 하지 않도록 한다.

- 명함을 받은 후엔 공손히 두 손으로 받쳐 들고 잠깐 살펴보고, 명함을 보면서 반드시 상대방의 회사명, 이름, 직책을 구두로 확인한다.
- 상대가 보는 앞에서 명함에 메모를 하지 않는다.
- 메모가 필요한 경우에는 상대방이 돌아간 후에 하도록 한다.
- 대화 도중 상대방의 이름이 기억이 나지 않을 경우 받은 명함을 보며 확인해도 된다.
- 받은 명함은 꼭 가지고 간다(김경화 · 장은주 · 유지선, 2011).

(5) 명함은 자신의 이름과 소속을 알리는 자기 소개서이자 증명서

- 명함은 신분증처럼 항상 소지한다.
- 외근뿐 아닌 내근 시에도 한두 장 정도는 소지한다.
- 명함은 항상 깨끗하게 보관한다(강원관광 아카데미, 2013).

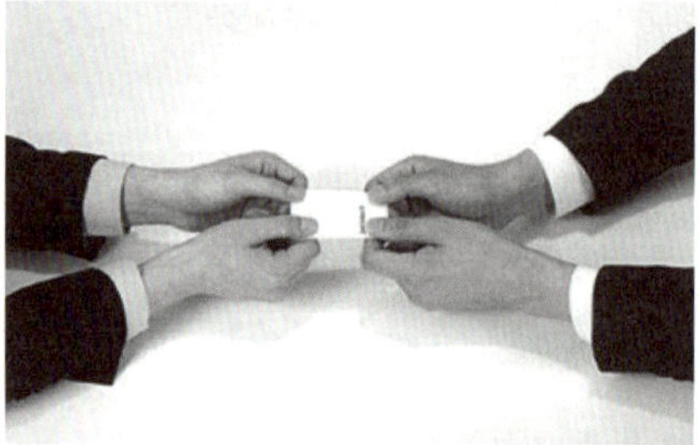

자료 : 네이버 포스트(2017)

명함을 주고받는 매너의 예

자료 : 네이버 블로그(2013)

동시의 명함 교환 매너

쉬어가기 **호칭을 제대로 사용하는 것이 센스 있는 대화이다.**

2014년 아베신조 일본 총리와 버락 오바마 미국 대통령이 정상회담을 했다. 회담이 끝난 후 기자들 앞에서 공동 기자회견을 했다. 이때 아베신조는 버락 오바마의 이름을 열 번 불렀고, 오바마는 아베신조의 이름을 단 한 번 불렀다.

이것은 사소한 일이 아니었다. 대화할 때 상대방의 이름을 부르는 것은 상대방에 대한 관심의 표현이기 때문이다. 따라서 상대방의 이름을 자주 부를수록 상대방에 대한 큰 관심을 가지고 있다는 뜻이고, 반대로 이름을 적게 부를수록 상대방에 대해 관심이 적다는 뜻이다.

실제로 당시 오바마는 아베신조를 탐탁하게 생각하지 않았다. 오바마는 아베신조가 신사에 참배하고 공물을 봉납하는 행위를 몹시 불쾌하게 여겼다. 그래서 한 정치 분석가는 오바마가 아베신조의 이름을 한 번만 부른 것에 대해서 이렇게 말했다.

"일본인들은 두 정상이 이름을 부르면서 친밀함을 과시하기를 바랐으나, 오바마 대통령은 아베신조의 이름을 그렇게 부르지 않았다. 여기에서 어떤 의미를 느낄 수 있을 것이다."

프랭클린 루스벨트 전 미국 대통령은 훌륭한 인품으로 국민으로부터 많은 존경을 받았다. 그가 국민들로부터 호감을 받은 이유 중의 하나가 '이름 불러주기'이다. 그가 대통령 퇴임 후 2년이 지났을 무렵 백악관을 방문했다. 이때 그는 주방에서 일하는 직원의 이름을 부르면서 안부를 물었다. 게다가 정원사와 정비공 이름을 하나하나 불렀다. 그러자 한 직원이 감동하며 눈물을 흘렸다.

미국의 강철왕 앤드류 카네기(Andrew Canegie)는 강철 제조에 대해 아는 게 없다. 그럼에도 불구하고 강철 사업으로 대성공을 거둔 비결 중의 하나가 사람을 잘 다루는 데에 있었다. 그가 사람들을 잘 다루는 데에 가장 많이 활용하는 방법은 사람들의 이름을 부르는 것이었다. 직원들의 이름을 일일이 외워 만날 때마다 불러주고, 거래처에서도 이름을 활용했다. 그리하여 자신의 이름을 기억하고 불러주는 앤드류 카네기를 좋아하게 되고 그에게 진심으로 복종했던 것이다.

상대의 이름을 기억했다가 만났을 때 이름을 불러주는 것은 센스 있는 대화의 방법이다.

– 브루스패튼, 김주영 편역(2019). 센스 있는 말 한마디, 백만출판사

3. 엘리베이터 매너

엘리베이터에서도 기억해야 할 매너가 있다. 항상 나보다 상대방 입장에서 생각하고 행동해야 한다. 고객보다 먼저 타서 “제가 버튼을 누르겠습니다.”라고 말하고, 고객이 편안하게 타도록 적극적으로 배려해 주는 것이다. 내릴 때에는 고객이 먼저 내릴 수 있도록 버튼을 눌러준다. 여러 명이 있을 때 상석의 위치는 입구에서 가장 멀고 버튼에서 먼 위치가 된다. 하석은 입구 쪽의 버튼 앞이 된다. 그리고 엘리베이터 내에서는 큰소리로 이야기하거나 벽에 기대어 서지 않는다.

1) 엘리베이터에서의 상석 위치

- 엘리베이터에서의 상석은 엘리베이터 내 조작버튼의 대각선 안쪽 위치이다.
- 조작버튼이 양쪽 모두 있는 경우에는 두 조작버튼에서 가장 먼 위치가 상석이다.
- 엘리베이터에서의 매너는 엘리베이터를 타고 내릴 때는 손윗사람이나 여성, 거동이 불편한 사람이 먼저 타고내리는 것이 예의이다. 이때 손아랫사람이나 남성은 문이 닫히지 않도록 버튼을 눌러 배려한다.
- 안내원이 있는 경우 고객이나 상급자가 먼저 타고 내리지만, 안내원이 없는 경우 직원이 먼저 타고 나중에 내린다.
- 먼저 엘리베이터를 타게 된 경우, 다음 사람을 배려하여 옆으로 비켜서서 다른 사람들이 안전하게 탈 때까지 열림 버튼을 누른 채 기다린다.

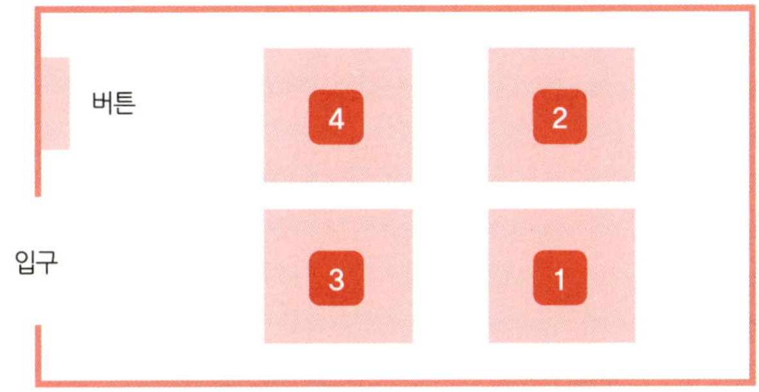

엘리베이터의 상석 위치(번호는 상석 순위)

4. 자동차 매너

자동차에서도 자리에 따라 상석이 있으며 매너가 있다. 일반적인 상석의 위치는 조수석 뒷자리이다. 다음은 운전석 뒷자리, 다음은 조수석이고, 마지막 뒷자리 중간 부분이다.

1) 자동차의 상석 위치

(1) 자가운전인 경우

운전자의 옆 좌석이 최상석(제1석), 그 다음 뒷좌석 오른쪽이 상석(제2석), 뒷좌석 왼쪽이 차석(제3석), 뒷좌석 가운데 좌석이 하석(제4석)이다.

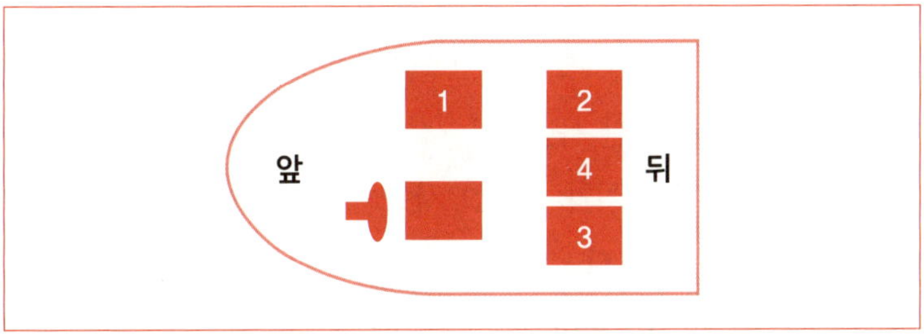

(2) 운전기사가 있는 경우

운전기사의 대각선 자리, 즉 뒷좌석 오른쪽이 최상석(제1석), 뒷좌석 왼쪽이 상석(제2석), 운전기사 옆 좌석이 차석(제3석), 뒷좌석 가운데 좌석이 하석(제4석)이다.

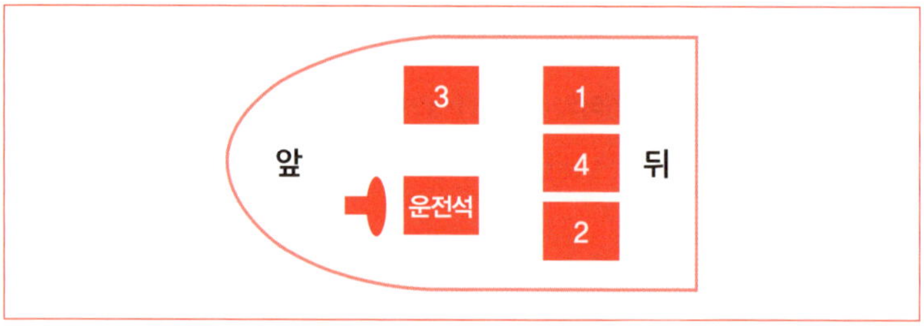

5. 소개 매너

사업의 성공은 인간관계에 있다. 첫 만남에서 서로 존중받았다는 느낌이 들 수 있도록 소개 매너를 익혀야 한다. 호칭은 사교생활의 중요한 요소로 자신과 상대방의 연령, 대화 상황에 맞는 호칭을 정확하게 구사해야 한다. 이러한 정확한 호칭 구사는 좋은 인간관계 유지 및 사교활동에 도움이 된다. 따라서 소개 시에는 소개를 받는 사람이나 소개되는 사람이 모두 일어서는 것이 원칙이며, 손아랫사람(후배, 연소자, 하급자)을 손윗사람(선배, 연장자, 상급자)에게 먼저 소개한다. 그리고 남성을 여성에게, 지위가 낮은 사람을 높은 사람에게, 그리고 연소자를 연장자에게, 상사를 고객에게 소개한다. 만약 갑자기 소개해야 한다면, 가장 나이가 어린 사람 또는 직위가 낮은 사람부터 소개해야 실수가 없다. 사회적 지위나 나이가 비슷한 사람이 여럿 있을 경우에는 소개하는 사람과 가까이 있는 사람부터 소개해야 한다.

국제화 시대를 살고 있는 현대인은 자기 자신을 당당하게 소개할 줄 알아야 한다. 또한 자기 자신을 소개할 때 지켜야 할 사항은 첫째, 자신의 지위를 밝히지 않는다. 둘째, Mr., Miss., Mrs 등의 존칭은 붙이지 말고, 자신의 성(姓)과 이름을 알려준다. 따라서 자신을 소개하거나 소개받을 경우 각각에 대한 매너를 정확히 알고 행동한다면 사교생활 및 대인관계에 도움이 된다.

1) 소개의 일반적 원칙

- 손윗사람에게 손아랫사람을 소개
  - 지위가 높은 사람에게 ➜ 지위가 낮은 사람을
  - 선배에게 ➜ 후배를
- 연장자에게 ➜ 나이어린 사람(연소자)을 소개
- 이성 간에는 여성에게 ➜ 남성을 소개
- 기혼자에게 ➜ 미혼자를 소개(기혼여성에게 남성을 소개하는 것이 원칙이나 왕과 왕족, 대통령, 성직자의 경우는 예외)
- 고객에게 ➜ 회사동료를 먼저 소개
- 손님에게 ➜ 집안사람을 소개

6. 지시 매너

지시 매너인 경우, 지시할 곳이 사람이면 두 손으로 지시하고, 지시할 곳이 사물이면 한 손으로 지시한다. 방향을 지시할 경우는 다음과 같이 안내한다.

- 손가락을 모두 모아 손바닥을 위로 하여 가리키되, 먼 곳을 가리킬 때는 손바닥을 수직으로 세워 공손한 느낌을 전하도록 한다(손가락으로 방향을 가리키지 않도록 주의한다).
- 거리는 보통 팔꿈치의 각도로 나타낸다. 거리가 먼 곳을 가리킬수록 팔꿈치의 각도를 크게 한다.
- 동작은 너무 빠르거나 느리지 않고 절도 있게 한다.

• 시선은 3점법을 지키도록 한다. 방향을 가리킬 때 손과 눈의 방향이 일치하지 않게 되면 어색한 느낌이 든다(고객의 눈 ➜ 가리키는 곳 ➜ 다시 고객의 눈).

지시할 곳이 **사물**이면 한 손으로 지시	지시할 곳이 **사람**이면 두 손으로 지시

1) 고객과의 동행 시 안내 매너

• 고객과 동행하며 안내할 경우, 안내는 앞에서 수행은 뒤에서 한다. 안내 시에는 고객의 바로 앞에 서지 않고 한두 걸음 대각선 방향에서 비스듬히 걸어가며 안내한다.

• 안내 시에는 미소를 띠고 가끔 뒤돌아보며 고객의 걸음과 속도를 맞춘다(오정주 · 권인아, 2019).

02 직장 매너

1. 면접 복장의 불변의 법칙

1) 회사 스타일을 파악하라.

남과 다르게 보이는 것이 나쁘지는 않지만, 그 회사의 직원들과 비슷한 스타일의 옷을 선택하는 것이 중요하다.

2) 트렌드보다는 단정함을 택하라.

면접 복장에는 무엇보다도 기본이 중요하다. 블랙, 네이비처럼 짙은 계열의 슈트를 기본으로 하되, 셔츠와 타이를 포인트로 주는 것이 중요하다.

3) 자신감을 입어라.

지원하고자 하는 분야의 일에 대한 확실성, 자신감, 전문성의 상징이 그대로 옷차림에 묻어나야 하며, 당신의 자신감에 대해 어떻게 느껴지는지는 무언의 표현으로 면접관에게 일일이 전달된다.

2. 직종별 스타일링 팁!

단정한 이미지	진취적 이미지	감각적 이미지
일반사무직, 기획	영업, 생산, IT	마케팅, 디자인, 서비스, 영업

3. 옷차림과 말은 곧 하나

때와 장소에 어울리는 옷을 고를 줄 아는 감각은 적절한 대화를 나누기 위한 기본 조건이다. 옷은 단순히 몸을 가리는 도구가 아니라, 한 사람의 성품과 개성을 알리는 매개체 역할을 한다.

따라서 옷차림은 사업이나 직장생활의 성패를 좌우할 만큼 강력한 힘을 지니고 있다. 공격적인 성격의 사람이 목이 빳빳한 셔츠에 교복을 연상시키는 단색의 양복을 입는다면, 더욱 사나워 보일 수밖에 없다. 이러한 사람이 사업에 성공하려면 부드러운 질감의 버튼다운 셔츠를 입어 부드러운 분위기를 연출해야 한다. 대통령 선거를 앞두고 후보들이 옷차림에 신경을 쓰는 것은 모두 이러한 연유에서다. 말과 옷은 곧 하나이다. 늘 준비되어 있어야 한다.

4. 용모 · 복장의 중요성

옷은 신뢰감의 상징이다. 한 남성에게 한 번은 허름한 작업복을 입게 하고, 또 다른 한 번은 깔끔한 정장을 입게 하여 무단횡단을 하도록 하였다. 이 실험에서 보행자들은 허름한 작업복을 입은 사람을 따라가는 것보다, 정장을 입은 사람을 덩달아 따라 건너가는 비율이 3배 이상 높았다. 깔끔하게 정장을 입은 사람이 어떤 사람인지, 무엇을 하는 사람인지 잘 모르지만, 왠지 믿을 만하다고 생각한 것이다.

겉모양으로 사람을 판단해서는 안 된다고 하지만, 용모와 복장 상태는 잘 모르는 사람에게 중요한 정보가 되며, 특히 고객을 만나는 현장 직원의 단정하고 깔끔한 용모와 복장은 고객에게 매우 긍정적인 영향을 미친다. 즉 깔끔한 용모와 단정한 복장은 바른 행동의 기본이다.

쉬어가기 면접 이미지메이킹 사례

누군가에 대한 인상을 결정하는데 소요되는 시간이 단 3초면 충분하다는 연구결과가 있었다. 면접에서도 초두효과라는 것이 있다. 이것이 첫 인상의 중요성이다.
면접이 조금씩 길어지고 있고 다양한 면접 유형이 등장하고 있지만, 면접에서 구직자의 인상을 결정하는 것은 지원자의 답변의 내용을 듣기 전에 이미 지원자의 자세와 외모의 준비도, 표정과 자신감 있는 걸음걸이 등에서 이미 판별되는 경우들도 있다. 특히 면접은 작은 실수도 확대 해석 될 수 있기 때문에 좋은 인상을 갖도록 준비하는 것이 좋다.

옷차림

단정하고 직무 전문성을 보여줄 수 있는 옷차림을 한다. 기업마다의 분위기가 있고 직종마다 요구하는 인재상이 상이하더라도 면접에서는 다소 보수적으로 입는 것이 유리하다. 날씬하고 활동적으로 보이는 것은 자기관리의 능력도 보여줄 수 있으며 신입사원으로서의 패기와 열정도 표현할 수 있는 좋은 통로가 된다.

무슨 색깔을 꼭 입어야 한다는 정해진 룰은 없으나 신뢰감을 줄 수 있는 색상을 선택하여 자신의 개성을 표현하는 것이 유리하다. 단, 패션 MD나 광고 기획, IT 프로그램 쪽은 자유로운 의상을 선택해서 입고 오도록 하는데, 옷의 선택을 통해 개인의 창의성과 트렌디함을 평가하려는 의도도 있으니, 비즈니스 캐주얼을 선택해야 할 경우에는 좀 더 신중한 선택이 요구된다.

표정

호감이 가는 미소는 눈과 입이 동시에 웃는 표정으로서 평상시에 거울을 보고 많은 연습을 한다면 좋은 효과를 얻을 수 있다. 면접장에서는 매우 긴장이 되기 때문에 평소 잘 웃는 사람도 미소를 띠기 힘들게 된다. 하지만 긴장된 순간일 지라도 면접관들과 적절한 눈맞춤을 하고 편안한 표정을 보여주는 지원자는 좋은 평가를 받을 수 있다.

눈맞춤

면접장에 들어가서 면접관들과의 적절한 눈맞춤은 매우 중요하다. 면접장소를 두리번거리거나, 답변을 생각하느라 오래도록 눈을 내리고 있다거나, 질문을 요구받았을 때 눈만 들어 올리는 행동 등은 삼가야 하는 행동이다. 다른 지원자들에게 질문 응답이 진행되고 있더라도 한눈을 판다거나 다른 곳을 응시하는 것 또한 좋은 자세가 아니다.

인사

무엇보다 이미지메이킹 중 가장 중요한 것은 인사이다.

• 내가 먼저 : 시기를 놓치지 말고, 적기에 해야 한다.
• 상대방의 눈을 보고 미소 지으며 : Eye Contact Skill을 살린다.
• 상대방에게 맞추어서 : 눈높이 인사로 상대에게 맞게 한다.
• 명랑하게 호칭하며 : 용기를 갖고 상대의 마음을 사로잡는다.
• 표정을 밝게, 지속적으로 : 자연스럽고, 정중하게 한다.

– 진로 & 취업 가이드북 행복한 진로행진(2019)

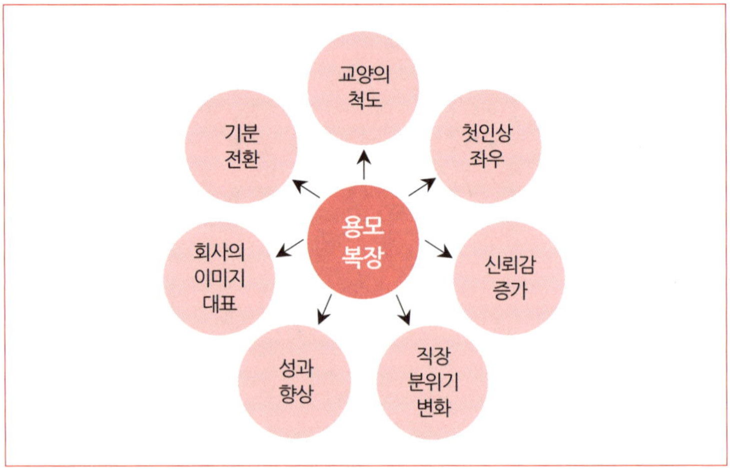

자료 : 행정안전부(2019), 고객 응대 매뉴얼

용모 · 복장의 중요성

쉬어가기 직장 내 에티켓 사례

취업포털 〈잡코리아〉가 국내·외 기업에 다니는 남녀 직장인 564명을 대상으로 직장 내 에티켓에 대해 조사한 결과, 꼭 지켜야 할 에티켓으로 '마주쳤을 때 인사하기(52.2%)'를 꼽았다. 또한 직장 내에서 잘 지켜지지 않는 에티켓(복수응답)으로는 '상대방의 이야기에 귀 기울이지 않기'를 가장 많이 꼽았다. 이어 상대방에게 책임 전가하기, 나만 아니면 이라는 생각으로 행동하기, 자신 일에만 집중하기, 동료 무시하기 등의 순이었다.
그렇다면 직장인 스스로는 에티켓을 얼마나 잘 지키고 있다고 생각할까? 직장인 10명 중 9명에 해당하는 응답자가 '자신은 에티켓을 잘 지키는 편'이라고 답했다. 또 '직장 동료와 상사의 에티켓 정도'를 묻는 질문에는 65.8%의 응답자가 잘 지킨다고 답했고, 나머지는 잘 지키지 못한다고 답하였다. 그래서 직장 내 에티켓을 지키지 않는 동료에 대해서는 소극적인 대처를 하는 경우가 많았다. 응답자의 45.0%가 '그냥 참는다'고 답했으며, '자리를 피한다, 회식이나 식사 자리에서 말한다, 즉시 시정을 요구한다, 이직이나 퇴사를 준비한다, 기타 나중에 복수한다' 등이다.

– 충북넷(2011). 직장예절 최고는 마주쳤을 때 인사하기. 2011.03.07. 강근하 기자

5. 남성과 여성의 용모 · 복장 자가 평가표

직장인으로서 갖춰야 할 용모는 예쁜 얼굴이 아니라 단정함과 깔끔함이다. 업무에 맞는 가능성 높은 복장을 갖춰야 하며, 때Time와 장소Place, 상황Occasion에 맞게 조화를 이룰 수 있어야 한다.

남성용 용모 / 복장 자가 평가표

구 분	내 용	①	②	③	④	⑤
머 리	헤어제품을 이용한 스타일링이 제대로 되어 있습니까?					
	비듬은 없습니까? 냄새는 나지 않습니까?					
얼 굴	수염, 코털이 길지 않습니까?					
	이는 깨끗하고 입 냄새, 담배 냄새는 나지 않습니까?					
드레스 셔 츠	소매 부분이나 칼라 부분은 더럽지 않습니까?					
	색상 무늬는 적당합니까?					
	다림질은 잘되어 있습니까?					
	흰색 셔츠에 색이 있는 속옷은 입지 않았습니까?					
넥타이	삐뚤어지거나 풀어져 있지 않습니까?					
	때, 얼룩, 구겨짐은 없습니까?					
	양복과 어울립니까?					
	길이는 적당하고, 타이핀 위치는 적당합니까?					
상 의	소매의 길이나 셔츠 깃의 높이는 적당합니까?					
	주머니가 불룩할 정도로 많이 넣어져 있지는 않습니까?					
바 지	다림질이 잘되어 있고 무릎이 나와 있지는 않습니까?					
	길이가 적당합니까?					
손	청결합니까?					
	손톱이 길지 않습니까?					
밸 트	색이나 질감은 적당합니까?					
양 말	흰색 양말을 신고 있지는 않습니까?					
	바지나 구두에 어울리는 색을 신고 있습니까?					
구 두	잘 닦여져 있습니까?					
	색상이나 형태는 비즈니스 구두로서 적당합니까?					
가 방	깨끗이 손질되어 있습니까?					
명 함	명함은 명함 지갑에 넣고, 매수는 적당합니까?					

자료 : 아시아나항공 서비스 매뉴얼(2004); 창은미(2007)

여성용 용모 / 복장 자가 평가표

구 분	내 용	①	②	③	④	⑤
머 리	청결하고 손질은 되어 있습니까?					
	앞머리가 눈을 가리지는 않습니까?					
	일하는데 지장을 주지 않는 머리형입니까?					
	근무복에 어울립니까?					
	머리 액세서리가 너무 눈에 띄지 않습니까?					
	머리 염색 상태가 불량하지 않습니까?					
화 장	청결하고 건강한 느낌을 주고 있습니까?					
	피부관리가 잘되어 있습니까?					
	화장이 뜨거나 지워지지 않았습니까?					
	아이섀도 / 립스틱 색상은 적당합니까?					
복 장	지나치게 구겨지지 않았습니까?					
	보기 흉한 얼룩은 없습니까?					
	스커트나 슬랙스의 단 처리는 깔끔합니까?					
	어깨에 비듬이나 머리카락이 붙어 있지는 않습니까?					
	다림질은 잘되어 있습니까?					
손	손톱의 길이는 적당합니까?					
	손은 깨끗합니까?					
스타킹	색깔은 적당합니까?					
	예비스타킹은 가지고 있습니까?					
구 두	깨끗이 닦여져 있습니까?					
	근무복에 어울리는 스타일입니까?					
	뒤축이 벗겨져 닳지 않았습니까?					
	구겨 신지는 않았습니까?					
액세서리	액세서리가 너무 크거나 사치스럽지 않습니까?					
	근무복에 어울립니까?					
향 수	너무 진하게 뿌려 타인의 눈살을 찌푸리게 하지는 않습니까?					

자료 : 아시아나항공 서비스 매뉴얼(2004); 창은미(2007)

자료 : 내외뉴스통신(2017), 체인지레이디

남성과 여성의 면접 복장

자료 : https://blog.lgdisplay.com(2015)

남성과 여성의 정장 면접

6. 매너는 성공의 열쇠

외부에서 활동하는 대표들, 또는 매장에 있는 대표들도 내 사업장에 온 고객에게 좋은 매너로 대할 수 있어야 한다. 사업체가 작은 소상공인도 마찬가지이다. "어색해서 못하겠어요!" 하는 대표들도 있다. 처음에는 어색하고 자신감이 없어서 악수를 제대로 하지 못하기도 하지만, 계속해서 거울 앞에서 연습하고 나가야 한다. 대표의 매너 있는 태도는 회사 또는 매장의 이미지를 결정한다. 그리고 고객으로 하여금 회사와 제품에 대한 신뢰를 갖게 하는 중요한 열쇠가 된다.

1) 성공한 사람들은 전략적으로 자신의 이미지를 연출한다.

성공을 위해서는 뛰어난 실력만 중요한 것이 아니라, 그에 걸맞게 요구되는 이미지를 만들고 연출하는 이미지 전략 또한 중요하다. 즉 이미지 연출도 실력이라고 할 수 있다. 그러나 그 이미지 또한 내재적인 아름다움의 표출이다.

헨리 포드Henry Ford는 "성공하고 싶은가? 그러면 성공한 사람처럼 행동하고 성공한 사람처럼 보여라."라고 했다. 좋은 인상, 좋은 느낌이 있는 사람은 어딘가 모르게 매력이 느껴지고 기억에 남는다. 하지만 겉으론 외모가 준수하나 내면으로부터 나타나는 말이나 행동이 이상하거나, 매너가 아주 좋은데 외모가 호감이 가지 않는다면 상대방에게 좋은 이미지를 전달하기 힘들다.

자신의 직위와 역할에 적합한 옷차림을 연출하는 것도 하나의 능력이다. 실력이 아무리 뛰어나도 상황에 맞는 옷차림을 연출하지 못하면 신뢰감을 줄 수 없다. 대중 앞에서 이미지를 잘 표출할 수 있는 능력은 회사 대표나 중역들이 가져야 할 가장 중요한 능력 중의 하나가 되었다. 예를 들어, CEO는 기업의 이미지를 대표하는 얼굴이다(박혜정, 2013).

(1) 내가 입고 싶은 옷이 아니라 상대방을 위한 옷차림을 갖춘다.

IBMInternational Business Machines Corporation사(社)의 간부들이 마이크로소프트사

(社)를 방문했을 때의 일이다. 청바지에 셔츠를 입은 한 청년이 그들을 사장실로 안내했다. 잠시 후 프로그램 기술자로만 보였던 그 청년이 빌 게이츠란 사실에 놀란 IBM사(社)의 간부들은 다음 약속만 정한 후 그냥 되돌아갔다. 며칠 후, 다시 만난 IBM사(社)의 간부들과 마이크로소프트사(社)의 빌 게이츠는 한바탕 웃고 말았다. 검정 슈트에 넥타이까지 맨 빌 게이츠와 캐주얼 바지에 면셔츠를 입은 간부들이 앉아있었기 때문이다. 서로의 스타일에 옷차림을 맞추려다가 생긴 해프닝이었다.

IBM사(社)의 간부들은 실력만 좋은 게 아니라 매너도 좋은 빌 게이츠를 더욱 신뢰하게 되었고, 그들의 신뢰에 보답이라도 하듯 마이크로소프트사(社)는 MS-DOS를 탄생시켰다. 빌 게이츠가 입었던 블랙 슈트는 황금을 몰고 왔다고 해서 '황금의 블랙슈트'로 불린다.

(2) 옷차림을 제대로 갖추면 당당해진다.

『Dress For Success』의 저자인 존 T. 몰로이는 다음과 같은 실험을 했다.

먼저 100명에게 상류층의 양복과 구두, 액세서리 등을 착용하게 한 후 비서에게 타이핑을 부탁하게 했다. 그러자 약 84%가 10분 이내에 업무를 끝냈다. 다음엔 동일 인물들에게 중산층의 옷차림을 하게 한 후 같은 실험을 해보았다. 결과는 상류층 옷차림일 때보다 두세 배의 시간이 더 걸렸다고 한다.

고객은 우리의 옷차림을 보고 신뢰감을 가질 수도 있고 아닐 수도 있다. 품위를 지키고 옷차림을 제대로 갖춰 신뢰감을 주도록 노력해야 한다(행정안전부 고객응대 매뉴얼, 2009).

2) 반드시 이기는 커뮤니케이션의 목표

비즈니스의 이익을 공유하는 윈-윈Win-Win 관계를 구축해야 한다. 이것이 이기는 커뮤니케이션의 목표이다. 상대방이 고객이든, 상사든, 후배든 상관없이 기본은 같다. 상대방의 이익도 진지하게 고려해야 한다. 다루기 힘든 상대, 이해관계가 대립되어 있는 부서라도 서로의 입장과 요구를 경청하고 조금만 화법을 달리하면 윈-윈Win-Win을 실현할 수 있다.

쉬어가기 직장 내의 에티켓, 이것만은 꼭 지켜주길 바래!

직장인들은 직장 내에서 꼭 지켜야 할 에티켓으로 '마주쳤을 때 인사하기'를 꼽았다. 취업 포털 '잡코리아'가 최근 국내·외 기업에 재직 중인 남녀 직장인 564명을 대상으로 직장 내 에티켓에 관해 조사를 실시한 결과, 꼭 지켜야 할 에티켓(복수응답)으로 '출·퇴근 시를 비롯해 마주쳤을 때 인사하기(52.2%)'를 꼽았다.

그 외 에티켓에는 '공손한 언어 사용하기'(45.5%), '부르면 대답하고 부른 사람 바라보기'(23.8%), '근무 중 개인적인 일 하지 않기'(21.8%), '항상 자기 주변 정리정돈하기'(19.5%) 등이었다.

반면, 직장 내에서 잘 지켜지지 않는 에티켓(복수응답)으로는 '상대방의 이야기에 귀 기울이지 않기'(34.6%)를 가장 많이 꼽았다. 이어 '상대방에게 책임 전가하기'(33.2%), '나만 아니면 된다는 생각으로 행동하기'(32.4%), '자신 일에만 집중하기'(23.9%), '동료 무시하기'(12.1%) 등의 순이었다.

그렇다면 직장인 스스로는 에티켓을 얼마나 잘 지키고 있다고 생각할까. '자신은 에티켓을 잘 지키는 편인가요'라는 질문을 조사한 결과, 응답자 중 91.8%가 '자신은 에티켓을 잘 지키는 편'이라고 답했다.

또 '직장 동료와 상사의 에티켓 정도'를 묻는 질문에는 65.8%의 응답자가 '잘 지키는 편'이라고 대답했다. 나머지 34.2%의 응답자는 '잘 지키지 못한다'라고 답했다. '직장 내 에티켓을 지키지 않는 동료를 보면 어떻게 대처하느냐'는 질문에는 응답자의 45.0%가 '그냥 참는다'고 답했다. 다음으로 '그 자리를 피한다'(25.5%), '회식이나 식사 자리에서 말한다'(14.2%), '즉시 시정을 요구한다'(11.3%), '이직이나 퇴사를 준비한다'(2.5%) 등의 순이었다. 기타 의견으로는 '나중에 복수한다'는 답도 있었다.

– 경향신문 디지털뉴스팀(2011)

쉬어가기 **공들여 쓴 입사지원서 보는데 10분…'경력사항' 가장 주목**

잡코리아, 기업 채용담당자 334명 설문조사

- 지원서 검토시간, 2014년 7.8분보다 2.3분 늘어
- 이력서 사진·제목 많이 보지만 중요도는 ↓
- 재산현황, 가족관계 등 "지원서에 불필요"

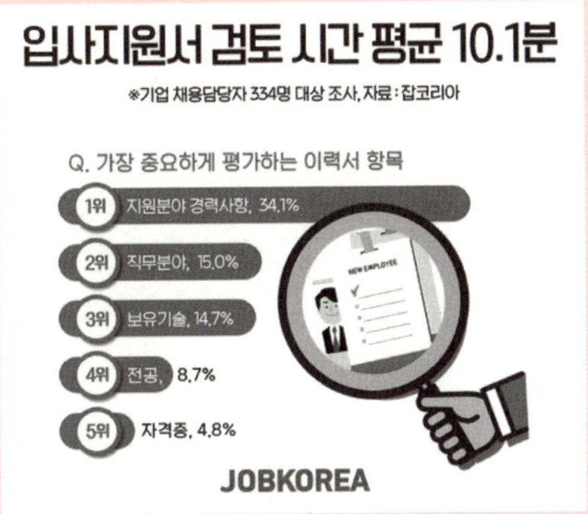

신입사원 채용 시 기업 채용담당자들이 입사지원서를 검토하는데 평균 10분 정도 시간을 들이는 것으로 나타났다. 이들은 수상경력이나 출신학교보다는 경력사항을 중요하게 들여다본다고 답했다.

– 한겨레(2019)

이 미 지 메 이 킹

매너와 커뮤니케이션 스킬

제5장

스피치와 프레젠테이션 스킬

이미지메이킹

매너와 커뮤니케이션 스킬

01 스피치 이미지메이킹

'말 한마디에 천 냥 빚도 갚는다.'는 속담은 한마디 말이 얼마나 큰 힘을 발휘하는지를 잘 표현한 말이다. 어떻게 무슨 말을 하느냐에 따라 천 냥 빚을 갚기도 하고, 다시 천 냥을 잃기도 한다.

그 외에 '가는 말이 고와야 오는 말이 곱다.'는 속담도 있다. 내가 좋은 말을 많이 하면 사람들로부터 좋은 말을 많이 듣게 되고, 내가 험담을 일삼는다면 언젠가는 사람들이 나를 험담하는 말을 듣게 된다는 뜻이다. 말은 한 만큼 되돌아오게 마련이다.

모든 일에 불평이 많은 김씨는 회사에서 부하직원이 기껏 열심히 만들어 온 기안을 보며 대뜸 말한다.

"이거 이런 식으로 밖에 못하나?"

그리고는 좀 더 좋은 아이디어를 내놓으라고 말한다.

"그럼, 어떻게 하는 것이 좋을까요?"

직원은 그에게 도움을 얻기 위해 이렇게 말했다.

"왜, 그런 것 있잖아. 척 보기에 좋아보이는 거, 이 정도 말하면 알아서 해야지."

김씨는 자신의 생각조차 제대로 정리되어 있지 않은 상태에서 막연히 부하직원에게만 참신한 아이디어를 강요하고 있다. 그는 상대를 배려하지 않는 무례한 말로 주변 사람들에게 좋지 못한 인상을 줄 뿐만 아니라, 매번 자신의 막연하고 추상적인 생각을 상대방에게 고집하여 스스로를 한정적인 사고의 소유자로 만든다.

자신은 나름대로 다양한 사고를 하고 여러 방면에 안목이 뛰어나다고 생각하면서도, 다른 사람의 의견이나 아이디어에는 늘 부정적이다. 그렇다고 자신에게 별다른 대안이 있는 것도 아니다. 이렇게 되면 부하 직원들은 겉으로야 표현을 못하겠지만, 자신들을 무시하는 말투에서부터 기분이 상한다. 게다가 구체적인 대안을 제시하지도 못하면서 늘 아는 척만 하는 그를 보며, 마음속으로는 '자신도 제대로 알지 못하면서 무얼 바라는 거야?'라고 빈정거린다.

아무리 마음이 넓은 사람이라도 말투가 곱지 않은 사람과는 쉽게 친해지지 못한다. 자신의 잘못된 말투가 사람들에게 상처를 주지는 않는지 가끔은 돌이켜 볼 필요가 있다. 잘못된 말투는 자신도 모르게 배어 있어 말을 하면서도 의식을 하지 못하는 경우가 많다. 대화 도중 갑자기 상대방의 표정이 바뀐다면 내 말투가 잘못된 것은 아닌지 한 번쯤 의심해 볼 필요가 있다. '가는 말이 고와야 오는 말도 곱다.' 언짢은 말을 하면 상대방에게서 차가운 태도만 되돌려 받을 뿐이다.

제임스 F. 벤더 박사가 미국사회를 이끌어가는 리더들을 대상으로 한 설문조사 결과, 미국인들은 리더가 갖추어야 할 첫 번째 조건으로 '스피치'를 꼽았다.

1. 스피치의 조건

① 내용의 전달에 목적이 있어야 한다.
② 내용은 주제나 목적에 따라 관심도나 친밀감이 있는 내용으로 구성되어야 한다.
③ 청중 수준에 맞는 내용으로 꾸며져야 한다.
④ 구체적이고 명확한 내용으로 실현성이 있는 내용이어야 한다.
⑤ 내용이 진실하고 명쾌하며 간결하고 자연스러워야 한다.

2. 스피치 할 때의 유의사항

① 내용에 대한 준비를 철저히 한다.

② 자료의 근거와 수치를 분명히 하고, 알기 쉽도록 원고를 작성한다.
③ 말하고자 하는 목적을 분명히 할 수 있도록 하고, 청중의 수준과 욕구, 태도, 감정 상태를 파악할 수 있어야 한다.
④ 스피치 시간은 5분 이내로, 길어도 20분을 넘지 않도록 한다. 또한 행사의 시간, 장소 그리고 행사의 성격에 맞게 내용을 조정하고 첫머리에 좌중을 집중시킬 수 있는 인상적인 발언을 배치한다.
⑤ 청중이 동참하는 분위기를 만들기 위해서는 질문을 던져 대답을 유도하고 간단한 예화와 유머를 넣는 것이 효과적이다.
⑥ 일방적으로 이루어지는 것보다 일상적인 대화와 같이 듣는 사람과의 상호작용형Interactive 스피치가 이루어져야 한다.
⑦ 밝고 큰 소리를 내도록 한다.

02 말 잘하는 법

1. 알기 쉽게 설명하는 공식(텐프렙의 법칙)

알기 쉬운 설명을 못하면 기껏 포착한 내용도 무용지물이라는 점을 명심해야 한다. 지금부터는 전달하는 방법의 '공식'을 설명하려 한다. 이 공식을 염두에 두면 어떤 경우에도 자신이 전달하고 싶은 내용을 정리해서 말할 수가 있다. 바로 저자가 제창한 전달 방법의 절대 법칙, '텐프렙TNPREP의 법칙(사단법인 교육커뮤니케이션 저작권 소유)이다. 이 텐프렙 법칙은 정보를 정리할 때 상대방이 이야기를 이해하기 쉽도록 만드는 순서이다. 구체적으로는 다음에 나오는 1~6단계에 따라 순차적으로 설명할 내용을 만들어 가면 된다. 이 텐프렙 법칙을 따르면 그 어떤 복잡한 주제라도 알기 쉽게, 간단하게 정리할 수가 있다.

(1) 주제Theme

이야기의 주제(지금부터 무슨 이야기를 할 것인가?) 전달하기

이야기의 주제를 서두에서 전달한다.

- “지금부터 OO에 대해 이야기하겠습니다.”
- “OO에 대해 상의하고 싶습니다.”

(2) 수Number

하고 싶은 이야기의 수(하고 싶은 이야기가 얼마나 되나?) 전달하기

하고 싶은 이야기가 몇 가지인지를 전달한다.

- “오늘 말씀드릴 이야기는 세 가지입니다.”
- “포인트는 두 가지로 요약됩니다.”

(3) 결론Point

이야기의 요점, 결론(전달하고 싶은 내용을 한마디로 하면?) 전달하기

하고 싶은 이야기의 핵심과 요점을 전달한다.

- “결론부터 말하면 OO입니다.”

(4) 이유Reason

결론이 옳다고 할 수 있는 이유(어째서 그렇게 말할 수 있는가?) 전달하기

하고 싶은 이야기의 결론이 옳다는 이유를 전달한다.

- “결론부터 말씀드리면 OO입니다. 그 이유는 ××입니다.”

(5) 예Example

구체적 예(어떤 사례가 있는가?) 들기

‘결론’을 보충하기 위한 구체적 예를 제시한다.

- “예컨대, 이런 경우가 있습니다(그러니 이 결론이 옳습니다).”

(6) 결론Point

요점, 결론(재확인) 반복해 끝맺기

마지막으로 '요점과 결론'을 반복한다.

• "그래서 이번에 전달하려는 내용은 OO이었습니다."

이상이 알기 쉽게 전달하는 공식인 '텐프렙의 법칙'이다. 각 요소(주제, 수, 요점 및 결론, 이유, 구체적인 예, 요점 및 결론 반복)를 영어로 표현하고 각 단어의 머리글자TNPREP를 일본식으로 읽는 것이 '텐프렙'이라는 이름이다.

이 텐프렙 법칙은 어떤 주제에도 사용할 수가 있다. 뿐만 아니라 상대방을 이해시키고 설득하기 위해 필요한 요소가 전부 담겨 있다. 상황을 설명할 때나 일어난 사건을 정리할 때는 이유(4)와 구체적 예(5)가 필요하지 않은 경우도 있지만, 그때도 생각하는 방식은 같다. 상황을 이해시키기 위해 우선은 자신이 전달하고자 하는 '결론'부터 말해야 한다. 그다음에 상황을 상세히 설명하면 된다.

처음 연습할 때는 이 법칙을 옮겨 적은 메모를 옆에 두고 설명 내용을 적어 보기를 권한다. 그리고 다른 사람에게 이야기해 보자. 처음에는 어색하게 느껴질지 몰라도 몇 번씩 연습하다보면 자연스럽게 텐프렙 법칙에 따라 이야기를 진행할 수가 있다(고구레다이치, 황미숙 옮김, 2017).

2. 말 잘하는 스피치방법 10가지

사람들이 세상을 살아가면서 꼭 필요한 것은 대화이다. 즉 말하기 그리고 듣기이다. 말 잘하는 방법의 대표적인 10가지에 대해서 소개한다.

많은 사람들이 말을 잘하고 싶어 수많은 노력을 하고, 또한 수많은 사람들이 대화나 스피치를 통해 자신의 생각을 전달하고 이야기를 나누곤 하는데, 그러한 말을 잘하는 방법에는 어떤 것이 있는지 살펴보자(한국폴리텍평생교육원, 2017; 김찬규, 2019).

1) 말 잘하는 방법 10가지

(1) 상대가 듣길 원하는 내용이 무엇인지 생각하라.

지금 이 순간 혹은 발표하고자 하는 내용에서 상대가 관심 있게 들을 만한 내용을 부각시킬 줄 알아야 한다.

(2) 말을 시작할 때 본론과 관계없는 소소한 농담을 하라.

본론 이전에 사소한 농담이나 퀴즈 등은 집중이 잘되며, 이왕이면 농담의 내용이 본론과 연결된다면 더욱 좋다.

(3) 말하고자 하는 내용의 순서를 정하라.

두서없는 말은 상대가 이해하기 어렵다. '기-승-전-결'의 순서 배치를 고려해야 한다.

(4) 사례를 들어 말하라.

내용의 이해를 쉽게 돕기 위한 방법으로 사례 및 예시는 아주 좋은 방법이다.

(5) 천천히 말하라.

상대가 나의 말에 집중하게 하는 방법은 천천히 말하는 것이 효과적이다.

(6) 마디를 끊어 말하라.

중간 쉬는 부분에 강하게 끊어 말하면, 말의 순접이나 역접 표현에 효과적일 뿐만 아니라 강조의 효과가 있어 집중력을 높일 수 있다.

(7) 시각자료를 활용하라.

대중발표에서 많은 내용을 말로만 하는 것은 화자나 청자 모두가 힘들고 지루하다. PPT 등의 시각자료를 이용하면 좋다. 특히 3~5분 이내의 스토리가 있는 동영상은 아주 좋다.

(8) 쉬운 질문을 자주하라.

상대에게 중간중간 질문을 하게 되면 집중을 안 할 수가 없으며, 상대가 나의 말을 잘 듣고 있는지 확인할 수 있고, 차후 하고자 하는 말의 내용을 환기시킬 수가 있다.

(9) 본론의 마지막에는 '그럼 어떡하지?' 하고 청중이 생각하도록 유도한다.

문제를 인지한 상대가 대안에 대한 갈망이 최고조에 달함으로써 결론에 귀추가 주목되도록 한다.

(10) 목적하고자 하는 바는 결론에서 말하라.

화자Speaker가 목적하고자 하는 바를 대안과 함께 결론에서 제시함으로써 청자Listener의 갈증을 해소한다.

쉬어가기 **'말'에 관련된 속담**

- 말 한마디로 천 냥 빚을 갚는다.
- '아' 다르고 '어' 다르다.
- 되로 주고 말로 받는다.
- 가는 말이 고와야 오는 말이 곱다.

03 스피치 스킬

"한마디의 말이 들어맞지 않으면 전 마디의 말을 더 해도 소용이 없다. 그러기에 중심이 되는 한마디를 잘 골라서 해야 한다."
–채근담

말을 조리 있게 하는 사람들을 누구나 부러워한다. 그래서인지 화술과 스피치 등의 강좌가 인기를 끌고 있는 듯하다. 물론 비즈니스맨에게 화술은 성공의 키워드가 된 지 오래이지만, 최근 들어 주부나 대학생들에게도 화술에 대한 관심이 높아진 것은 대인관계(가족, 학부모 모임, 친구관계 등)에서 자신을 돋보이게 하고 상대를 설득하는데 화술이 중요해졌기 때문이다.

백화점 문화강좌에는 주부 수강생들이 많다. 이들은 가정에서 남편, 아이들과의 대화를 잘 이끌어 가족 간의 언쟁을 줄여나가고 싶다는 의도로 강의를 듣는다. 그만큼 표현의 기술은 사람과 사람 사이에 뻥 뚫린 고속도로를 만들기도 하지만, 꽉 막힌 벽을 만들기도 한다.

1. 말 한마디의 표현기술이 필요하다

1) 자신의 입장만을 이야기하려 하지 말라.

"내가 말했지!", "난 분명히 내 말이 맞는다고 생각해!" 등 자신의 입장이나 생각만 맞는다고 고집하지 않도록 주의한다. 설령 자신의 말이 맞다 하더라도 상대는 반감을 가지게 되어, 옳은 말도 수긍하고 싶지 않은 마음이 생길 수도 있다.

2) 상대의 이야기는 들을 필요가 없다는 듯한 인상을 주지 말라.

"네 말은 들을 필요가 없는 것 같아……", "글쎄, 네가 뭘 안다구…", "늘 당신이 하는 말(생각)이 그렇지…….” 등 무시하는 듯한 말로 상대의 자존심을 건드리지 말아야 한다. 이런 말들은 상대에게 악감정이 있다는 인상을 주어 서로의 관계를 끊게 만든다.

3) 장황하게 말을 늘어놓지 말아야 한다.

습관적으로 장황하게 말을 늘어놓는 사람은 말을 하면서 자신이 전달할 핵심을 정작 잊어버린다. 이런 경우 상대에게 쓸데없는 인내를 요구하는 꼴이 되어버린다. 전달할 내용의 핵심을 정리하여 말을 하는 습관을 가져야 한다.

4) 협상을 할 때는 상대의 의도를 파악하라.

자신의 의도대로 협상을 끌기 위해 말을 하는 것도 중요하지만, 상대가 어떤 생각을 가지고 있는지에 대한 파악을 명확히 하는 것이 무엇보다 중요하다. 상대의 의도를 파악하기 위해서는 말을 많이 하기보다는 잘 경청을 하는 것이 중요하다. 표현의 미덕이 곧 경청이기도 하다.

5) 윈-윈Win-Win한다는 인상을 주어야 한다.

손해를 보고 싶지 않다는 생각은 누구나 가지고 있는 것이다. 자신의 요구가 상대에게도 좋은 일이 될 수 있다는 핵심을 알려준다면, 상대의 마음을 열어 자신이 하는 제안을 수긍하게 할 것이다. 세상에 공짜가 없듯 인간관계에서 일방통행은 오래가지 않는다.

6) 자신의 의도대로 협상되지 않더라도 상대를 원망하는 말들을 늘어놓지 말라.

“내가 가만히 안 있을 겁니다.”, “무슨 수를 써서라도…….”, “당신은 너무 교활해요.” 등 협상이 자신의 의도대로 되지 않았다고 해서 화풀이 하는 말투로 대화하지 말아야 한다. 협상에는 언제나 변수와 반전의 여지가 존재한다. 또한 섣부른 실망과 원망이 다음에 찾아올 기회를 막아버린다.

쉬어가기 **말주변 없는 사람이 꼭 알아야 할 말 한마디의 습관!**

- 전화로 부탁할 때는 상대의 양해를 구하고 명료하게 설명하자.
- 변명은 마지막에 하고, 감사의 마음은 꼭 처음에 전달하자.
- 어려운 상황일수록 임기응변보다 솔직하게 말하자.
- 짧은 메일이나 문자메시지를 통해서 자신의 의견을 간접적으로 설명하자.
- 친밀감을 높이려면 타인의 이야기보다 자신의 이야기를 먼저 건네자.

– 정혜전(2009). 호감도 100배 인상의 달인

2. 스피치 '4개' 비법 : '4개' 말하는 습관을 기르자

김봉국(2013)의 '승자의 안목'에서 인간관계는 대부분 말에 의해 결정된다. 어떻게 하면 말을 잘할 수 있을까? 목청을 '낮게' 할수록 상대방이 귀 기울이고, 내용을 '좋게' 할수록 상대방이 좋게 받아들인다. 길이를 '짧게' 할수록 상대방에게 핵심이 전달된다. 그리고 횟수를 '적게' 할수록 상대방의 마음을 듣는다. 결국 말하는 습관이 문제이므로, 현명하게 말을 잘하는 습관은 대체로 '낮게', '좋게', '짧게', '적게'로 '4개'로 구분할 수 있다(김찬규, 2019).

첫째, 목청은 '낮게' 말해야 한다.

골프를 칠 때 어깨의 힘을 빼듯, 말을 할 때는 목청의 힘을 빼야 한다. 목소리의 톤을 높이지 않고 낮게 말해야 상대방이 귀를 기울인다.

둘째, 내용은 '좋게' 말해야 한다.

보기 좋은 떡이 먹기에도 좋듯이, 내용이 좋은 말이 듣기에도 좋다. 말을 할 때 윽박지르지 않고 좋게 말해야 상대방이 기꺼이 받아들인다.

셋째, 길이는 '짧게' 말해야 한다.

말이 길어질수록 군더더기가 붙고, 말이 짧아질수록 핵심이 드러난다. 길게 말하지 않고 짧게 말해야 상대방에게 핵심이 전달된다.

넷째, 횟수는 '적게' 말해야 한다.

말이 많으면 상대방의 말을 듣지 못하고 말이 적어야 상대방의 말을 듣고, 많이 들어주고 적게 말해야 상대방의 마음을 듣는다.

04 프레젠테이션 잘하는 방법

1. 프레젠테이션 잘하는 7가지 방법

홍보담당자는 고객, 동료, 파트너 또는 낯선 사람 앞에서 프레젠테이션 할 기회가 많다. 특히 새로운 고객을 수주하기 위한 입찰이 있거나, 연간 플랜을

발표하는 프레젠테이션은 성과와 직결되므로 더욱 중요하다. 다음은 프레젠테이션을 잘하는 7가지 방법을 설명하고자 한다.

1) 오프닝에서 핵심 메시지 전달

오프닝은 발표자가 전달하고자 하는 메시지를 청중이 잘 집중하고 이해할 수 있도록 준비시키는 단계이다. 지루한 소개 및 목차로 시간을 끌기보다는 질문을 건네 궁금증을 자극하거나 충격적인 이야기, 농담 또는 개인적인 일화를 전해 청취자의 관심을 끌고 핵심 메시지로 인도하는 과정이 필요하다.

핵심 메시지는 기억하기 쉽고 구체적인 문장으로 정리하는 것이 좋다. 그리고 프레젠테이션은 이 핵심 메시지를 3~5개의 요점으로 나눠, 근거와 함께 제시해야 한다.

2) 비교와 대조를 통해 해결책 제안

청중에게 메시지를 전달할 때는 정의, 묘사, 분석, 비교, 대조 등 다양한 기법을 이용할 수 있다. 그중에서도 해결책을 제시할 때에는 두 가지 이상의 아이디어를 비교 및 대조하는 것이 발표자의 주장이 뛰어나다는 것을 효과적으로 보여주는 방법이다.

비교와 대조 시에는 시각적으로 보여줄수록 좋다. 글보다는 표, 막대그래프 등을 이용하여 서로 다른 아이디어를 비교하고 설득력을 높여야 한다.

3) 시각자료의 활용

발표자가 말하는 메시지를 청중이 보다 잘 이해하고 기억하도록 하기 위해 필요한 것이 바로 시각자료이다. 청중에게 너무 많은 글을 읽거나 듣게 하면 집중도가 떨어진다. 사람의 두뇌는 글보다는 이미지를 더 잘 처리한다. 소품, 그래프, 사진, 영상 등 시각자료는 복잡한 개념을 쉽게 설명하고 청중의 흥미를 자아낸다.

예를 들어, 시장조사 데이터는 글보다는 차트나 표로 요약하는 것이 더 이해하기 쉽다. 차트나 표는 주장의 설득력을 높일 뿐만 아니라, 청중의 기억에 더 오래도록 남는 효과가 있다. 단, 시각자료는 최대한 단순해야 하며, 전하고자 하는 메시지를 부각시키는 용도로만 사용하는 것을 권장한다.

4) 참여를 통해 신뢰관계 구축

프레젠테이션은 한정된 시간 내에 정보를 이해시켜 발표자가 의도한 대로 의사 결정을 내리도록 설득하는 방법 중 하나이다. 프레젠테이션에서 가장 중요한 것은 얼마나 청중과 교감하면서 자신의 생각을 전달하느냐이다. 발표자와 청중이 질의응답 형식으로 서로 대화를 나누면 청중은 프레젠테이션에 참여하고 있다고 생각하게 된다.

청중은 이러한 교감을 통해 발표자의 주장을 신뢰하게 된다. 좋은 프레젠테이션은 많은 사람 앞에서 이야기하더라도 대화처럼 느껴지는 발표이다.

5) 깔끔하고 일관된 디자인과 레이아웃의 사용

정돈되지 않은 슬라이드 디자인과 레이아웃은 프레젠테이션의 내용에도 영향을 줄 수가 있다. 슬라이드는 깔끔하고 간결하며 일관된 느낌을 주어야 신뢰감을 준다. 슬라이드가 다음 지침을 준수하는지 확인해야 한다.

- 여백이 많으며 일관된 레이아웃을 사용
- 2~3가지 색상만 이용하고, 하이라이트 컬러는 한 가지만 사용
- 명조체보다는 고딕체를 사용하고, 제목과 본문을 명확하게 구분
- 텍스트는 한 슬라이드에 최대 6줄을 넘지 않도록 작성

6) 한 장의 슬라이드에는 한 가지 아이디어만 제시

최근에 본 프레젠테이션 중에서 별로 인상 깊지 않았던 프레젠테이션을 떠

올려보자. 무엇이 관심을 잃게 했을까? 주제가 명확하지 않았는지? 슬라이드가 산만했는지? 슬라이드에 너무 많은 텍스트가 있었는지?

지루한 프레젠테이션은 한 슬라이드에 너무 많은 내용을 담는다는 공통된 문제점이 있다. 좋은 프레젠테이션은 한 장의 슬라이드에 한 가지 아이디어 및 개념만 담는다. 그리고 텍스트와 시각요소가 균형을 이루고 있다. 프레젠테이션이 너무 짧다고 불평하는 사람은 아무도 없다. 관련이 없는 정보는 최대한 없애야 한다.

7) 결론에는 인상적인 콜 투 액션을 추가

결론에서는 본론에서 전달한 메시지를 청중에게 다시 한 번 각인시키고 청중의 행동 방향을 제안하면서 마무리해야 한다. 보통 결론에서는 앞의 내용을 요약·정리하고 끝나는 경우가 많은데, 이 방법은 청중에게 여운을 남기고 변화를 유도하기에 미약하다. 결론에는 청중이 지금까지 들은 정보로 특정 행동을 실천하도록 인상적인 콜 투 액션Call To Action : CTA을 추가한다(김찬규, News Wire, 2019).

2. 전 미국대통령 오바마의 스피치 스킬의 예

1) 풍부한 말의 재료로 집중시킨다.

상대에게 자신을 표현하는 법부터 사람들에게서 감동을 이끌어내는 법, 그리고 글로벌 이슈와 시사문제까지 그에게는 말의 재료가 무궁무진했다. 그의 말은 많은 준비의 결과물임을 실감할 수 있다. 누구보다 말을 잘하고 싶다면 많은 정보와 화제를 담아두어야 한다.

2) 미사여구로 치장하기보다 내용을 중요시 한다.

그의 말은 언제나 쉬우면서도 남기고자 하는 메시지가 강렬하다. 미국 유권

자들의 마음을 얻은 오바마의 스피치 비밀은 먼저 듣는 사람을 감지하고 그 사람이 이해하기 쉽도록 배려하여 간결하게 핵심을 담아낸다.

3) 겸손하고 헌신적인 마음을 담아 말한다.

오바마는 겸손하다. 예의를 다해 간절하게 호소한다. 그의 말 속에 잘난 척은 없다. 오바마의 스피치는 직설적인 언어로 상처받기 쉬운 요즘의 세대에서 말로 타인의 마음을 얻는다는 것은, 상대방에게 보이는 겸손한 자세와 진심, 즉 '태도의 문제'라는 사실을 다시 한 번 확인시켜 준다.

이 미 지 메 이 킹

매너와 커뮤니케이션 스킬

제6장

공공 매너 및 일상 매너

이미지메이킹

매너와 커뮤니케이션 스킬

01 전화 매너

전화 한 통화가 전체 이미지를 결정한다. 전화응대는 고객이 보이지 않아도 친절은 전달된다. 또한 전화는 상대방의 얼굴이나 처해진 상황이 보이지 않으므로 전화를 통해 고객을 대한다는 것을 직접 고객을 대하는 것보다 더 세심하게 신경을 써야 한다. 이렇게 고객과의 전화응대 한 마디가 회사의 이미지를 결정한다는 점에서 조금도 소홀함이 없어야 한다.

만약에 여러분이 다음과 같은 상황이라면 어떤 느낌이 들겠는가? 한 예를 소개하면, 외부에서 전화를 한 고객과 OO 직원의 통화 내용이다.

- 고객 : "안녕하십니까? 저는 OOO라고 합니다. OO 과장님과 통화를 하고 싶은데 자리에 계신가요?"
- 직원 : "과장님 자리에 안 계신데요. 이따가 다시 전화하세요."(오후 2시) 먼저 '툭' 하고 끊는다.
- 직원 : "과장님 지금도 안 들어오셨어요. 나중에 전화 다시 하세요."(오후 4시)
- 직원 : "과장님 퇴근하셨습니다. 내일 다시 하세요." 딸깍(오후 6시)

직원이 너무 바빠서 전화를 성실하게 받지 못할 것이라고 생각하는 고객은 없다. 불친절한 직원의 통화는 고객으로 하여금 '여기 아직도 멀었구나.'라는 생각을 하게 한다.

서비스는 마인드 없는 직원이 근무를 하는 전화 한 통으로 인해 그 조직의 이미지는 갈수록 나빠질 수 있다. 한 통의 전화로 "아직도 OO 직원이 그렇지 뭐!"라는 생각을 고객에게 심어준다면, 직원 모두가 기운 빠지는 일이 아닌가를 다시 한 번 생각해야 한다.

1. 전화의 3대 원칙

1) 신속하게 받는다.

대면서비스보다 전화상에서의 고객은 시간을 더 길게 느끼는 경향이 있다. 따라서 고객의 입장에서 고객의 시간을 존중하여 시간을 아껴주려는 노력이 필요하다. 그리고 전화를 걸기 전에 요건을 5W1H로 써서 말하는 순서와 요청을 정리하고, 불필요한 말은 반복하지 않는다.

전화는 벨이 울리면 두세 번 이내에 받아야 한다. 회사에 걸려오는 다른 직원의 전화를 잘 받아주는 것도 회사 이미지에 긍정적인 영향을 미친다. 전화를 신속하게 받지 못했을 경우, 또는 벨이 4번 이상 울렸을 경우는 "늦게 받아 죄송합니다. OO(회사명) OOO(이름)입니다."라는 말과 함께 먼저 양해의 인사를 한다.

2) 정확하게 받는다.

전화상에서의 대화는 서로 얼굴을 볼 수가 없으므로 정확한 의사소통이 중요하다. 전화는 '기계를 통한 소리의 전달'이므로 때때로 의사전달에 큰 혼란을 초래하기도 한다. 따라서 대화상의 주요부분은 복창이나 메모를 한다. 이를 위해 메모지와 필기도구는 항상 전화기 옆에 비치해 두어 전화기를 들면서 동시에 메모준비를 한다. 정확성을 정리하면 다음과 같다.

- 발음과 어미 표현을 명확히 한다.
- 성명, 품명, 수량, 일시, 장소 등은 천천히 정확하게 전한다.
- 내용의 요점이 상대에게 정확히 전해졌는지 확인하고 복창한다.
- 고객의 의도를 정확하게 파악할 수 있는 듣기 능력을 배양해야 한다.
- 업무에 대한 정확한 전문지식을 갖추어야 한다(강원관광아카데미, 2013).

3) 친절하게 받는다.

전화는 상대방이 보이지 않으므로 목소리를 듣고 상대방을 연상하게 된다. 따라서 상냥하고 친절한 목소리는 좋은 이미지를 연상하게 하고 이는 곧 신뢰감으로 이어지지만, 무뚝뚝한 음성은 불친절하게 느껴진다. 전화상의 목소리는 자신의 인격이자 회사의 이미지이다. 늘 부드러운 음률, 따뜻한 어감, 친절한 목소리로 통화해야 한다. 또한 말을 가로챈다든지, 혼자서 말하지 않고 상대가 감정적으로 말을 하면, 이쪽에서는 한 발 뒤로 물러서 언쟁을 피한다.

신 속 → 정 확 → 친 절

전화의 3대원칙

2. 전화응대의 특징

1) 전화응대의 중요성

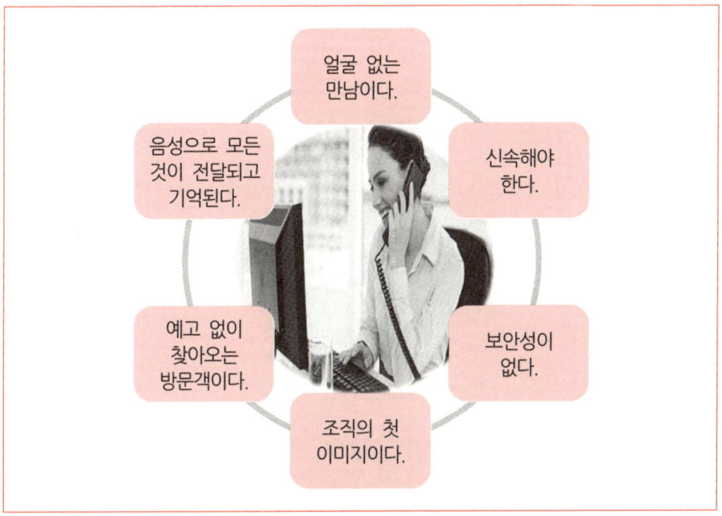

자료 : 노동부와 한국산업인력공단(2006); 네이버포스트(2020), 전화응대

2) 전화응대의 문제점

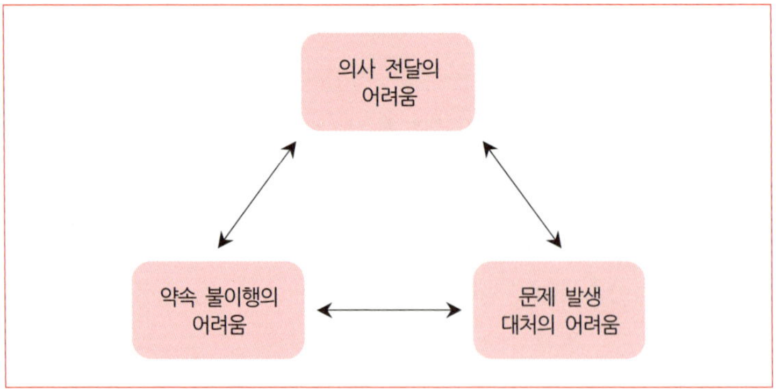

자료 : 노동부와 한국산업인력공단(2006)

3. 전화응대의 기본수칙

① 전화벨 소리는 3회 이내에 받는다.

② 상냥한 목소리로 자신을 밝히면서 인사로 시작한다.
"안녕하십니까? OO항공 OO과 김미소입니다."

③ 알고자 하는 내용을 성의 있게 답변하고, 전하고자 하는 내용을 사전준비를 통해 간단명료하게 전한다.

④ 종료 시에는 "감사합니다."라는 인사말을 잊지 말고, 상대가 끊는 것을 확인한 후 조용히 수화기를 내려놓는다(아시아나항공 서비스매뉴얼, 2004).

4. 전화를 받을 때

1) 신속히 받는다.

벨이 울리면 2~3번 이내 수화기를 들되, 왼손으로 수화기를 들고 오른손은 메모준비를 한다.

2) 첫인사, 소개를 한다.

인사말, 소속, 이름을 밝힌다. "안녕하십니까? OO부 OOO입니다."

3) 업무처리를 한다.

육하원칙에 따라 '누가, 언제, 어디서, 무엇을, 어떻게, 왜'의 항목을 메모한다. 중요한 내용은 복창하고 상대방에게 확인한다.

4) 끝인사를 한다.

전화를 끊을 때는 더 궁금한 사항이 없는지 확인하고 마무리 인사를 한다.

5) 수화기를 내려놓는다.

상대방이 먼저 끊는 것을 확인한 후 조용히 수화기를 내려놓는다.

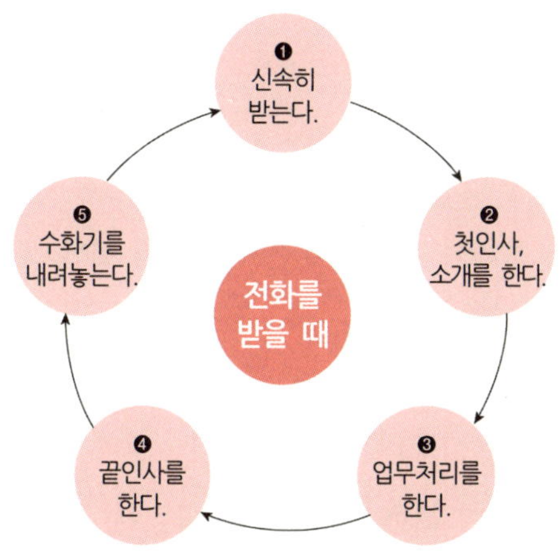

5. 전화를 걸 때

1) 통화 계획을 사전에 점검한다.

- 상대방의 입장을 고려하여 전화를 걸어도 될지를 판단하고, 자신의 음성을 가다듬는다.
- 상대방의 전화번호, 이름, 소속, 용건을 미리 확인한다.
- 필요한 자료, 서류를 준비해 둔다. 메모용지와 필기구는 옆에 둔다.

2) 첫인사, 상대방을 확인한다.

- 상대방이 수화기를 들면, 인사를 하고 자신의 소속과 이름을 밝힌다.

3) 업무처리를 한다.

- 상대방이 현재 통화를 할 수 있는지를 확인하여, 일방적인 통화가 되지 않도록 주의한다.

4) 요점을 확인한다.

- 용건은 간단하고 요령 있게 전달한다.
- 중요한 내용이나 틀리기 쉬운 부분은 반복해서 이야기한다. 용건이 복잡할 때는 용건을 재확인한다.

5) 전화를 끊을 때는 마무리 인사를 한다.

- 마무리 인사를 하고 상대방이 끊는 것을 확인한 후, 조용히 수화기를 내려놓는다.

6. 전화를 연결하는 법

- 전화 받을 사람을 확인한다.
- 전화를 연결할 경우에는 입을 대고 말하는 부분(송화구)을 막은 다음, 연결한다.
- 전화 받을 사람이 멀리 떨어져 있을 때, 첫 전화 받는 수화자가 받을 사람에게 연결한다.
- 전화 받을 사람이 즉시 받을 수 없을 때는 중간상황을 수시로 알려준다.

쉬어가기 **계속 이쪽저쪽으로 돌리지 않도록!**

상대의 용건을 정확히 듣지 않거나 전화 받을 사람이 있는지를 확인하지 않고 전화를 돌려버리면, 이쪽저쪽으로 돌린 나머지 결국 다시 돌아오는 경우도 있다. 이를 방지하기 위해서는 전화 받을 담당자가 있는지를 최초로 전화 받은 사람이 확인하여 직접 연결해야 하며, 업무 담당자가 애매할 때는 상대방에게 우선 양해를 받아 확인해 보고 즉시 담당자에게 돌린다. 그리고 타인에게 온 전화도 자신에게 온 것처럼 소중히 한다.
전화를 받을 사람이 통화 중, 회의 중일 경우에는 잠시 기다리게 하되 30초를 넘어서는 안 되며, 길어지는 경우 방치하지 말고 도중 경과를 상대에게 양해를 구한다.

– 아시아나항공 서비스매뉴얼(2004)

7. 전화의 표준응대법

1) 전화가 잘못 걸린 경우

(1) 잘못 걸려온 전화도 친절하게 응대한다.
"여기는 OOO입니다. 전화를 잘못 거셨네요."

(2) 다른 부서를 찾을 경우 직통번호를 안내한다.
"담당부서로 돌려드리겠습니다. 만약에 전화가 끊길 경우 OOO-OOOO번으로 하시면 됩니다."

2) 찾는 사람이 부재중일 때

찾는 사람이 부재중임을 알리고, 메모를 남길 것인지 다시 전화를 할 것인지 확인한다.

(1) 메모를 남길 경우
"O팀장님 돌아오시면 바로 메모를 전달해 드리겠습니다."

(2) 메모를 남기지 않을 경우
"30분 후쯤 돌아오실 예정인데, 죄송하지만 그때 전화해 주시겠습니까?"

3) 고객 응대 중에 전화가 왔을 경우

(1) 고객에게 양해를 구하고 수화기를 든다.
"고객님, 잠깐 실례하겠습니다."(눈맞춤 인사와 함께)

(2) 통화가 길어질 것 같으면, 전화 고객에게 양해를 구한다.
"죄송합니다만, 지금 고객이 기다리고 계셔서 제가 잠시 후 다시 전화를 드려도 괜찮겠습니까?"

4) 통화 중에 고객이 와서 기다릴 경우

(1) 눈인사나 제스처로 전화를 곧 끝낼 것임을 알리고, 빨리 통화를 끝낸다.

"죄송합니다만, 지금 다른 고객이 기다리고 계셔서 제가 잠시 후 다시 전화 드리면 어떻겠습니까?"

(2) 통화 중 끊겼던 전화를 다시 받을 때, 통화 중 끊긴 전화의 고객인지 먼저 확인한다.

"죄송합니다만, 조금 전에 전화하신 고객님이십니까?"

(3) 전화를 받는 상황이 여의치 않은 점에 대해 양해를 구한다.

"불편을 드려 죄송합니다."

(4) 이전에 설명 중이던 내용을 연결하여 설명한다.

"말씀드리던 내용을 계속 안내해 드리겠습니다."

5) 전화가 잘 안 들릴 경우

"죄송하지만, 한 번 더 말씀해 주시겠습니까?"

6) 다짜고짜 책임자를 바꿔달라고 하는 경우

(1) 고객의 의견을 듣고 상황판단을 한다.

"저에게 말씀을 해주시면, 최선을 다해 처리해 드리겠습니다."

(2) 계속 책임자를 바꿔달라고 하는 경우

"네, 잘 알겠습니다. 잠시만 기다려 주시겠습니까?"

(3) 책임자를 연결할 경우

"기다리게 해서 죄송합니다. 고객님, 저희 OO 팀장님을 연결해 드리겠습니다."

(4) 책임자가 자리에 없을 경우

"고객님, OO 팀장님은 현재 OO 중이셔서 연결이 곤란한데, 연락처를 남겨 주시면 전화 드리도록 하겠습니다. 불편을 드려 죄송합니다."

7) 고객이 통화하기 어렵다고 불평할 때

(1) 고객의 의견에 경청하며, 통화의 어려움에 대해 공감한다.

"네, 그러셨습니까? 불편을 드려 죄송합니다."

(2) 전화 연결이 잘 안 된 사유를 설명하고 양해를 구한다.

"고객님 죄송합니다. OOO 때문에 전화 연결이 어려웠던 것 같습니다."

8) 전화를 끊을 경우

(1) 더 궁금한 사항이 없는지를 묻고, 마지막 인사를 정중하게 한다.

"더 궁금하신 사항은 없으십니까?", "고맙습니다. 좋은 하루 보내십시오."

쉬어가기 화난 고객님 상대하느라 … 전화상담원 '맘고생' 1위

여름휴가철인 올해 8월 인천국제공항 모 항공사 카운터. 중년 여성이 발권 직원에게 고성을 지르며 장시간 항의했다. 항공권에 이름이 잘못 기재됐다는 이유에서다. 삿대질에 카운터를 손으로 치기도 했다. 이 여성은 보상을 해 달라고 했다. 직원이 사과하고 재발권을 한다고 해도 막무가내였다. 직원은 답답해 하면서도 그저 같은 대처를 할 수밖에 없었다. 이 항공사 관계자는 "막무가내 고객에겐 때로 속에서 울화가 치민다. 아무리 손님은 왕이라지만 말도 안 되는 떼쓰기로 직원들을 죄인 취급하는 데는 어이가 없다. 그래도 어쩌겠느냐. 그 직원은 그 뒤 혼자서 한참을 울었다"고 말했다.

가장 감정을 억누르고 일하는 직업은?

순위	직업
1	텔레마케터
2	호텔관리자
	네일아티스트
4	중독치료사
5	창업컨설턴트
	주유원
7	항공권발권사무원
8	노점 및 이동판매원
	취업알선원
	커리어코치
	신용추심원
12	상점판매원
	검표원
14	치과위생사
15	고객상담원
16	의료코디네이터
17	바텐더(조주사)
	해양경찰관
19	자동차부품 기술영업원
20	법무사

자료: 한국고용정보원

고용정보원, 730개 직업 조사 경찰관 · 항공기 승무원도 상위권, 세월호 여파로 해양경찰관 17위 "감정노동자 배려하는 문화 절실"

서울 강남의 모 주차장에선 주차관리원이 모녀로부터 폭행을 당하고, 아파트 경비원이 입주민에게 구타당하는 일도 있었다. 승객의 성희롱과 폭언에 우울증을 앓은 KTX 여승무원은 올해 4월 산업재해 판정을 받았다. 하나라도 더 팔기 위해 고객의 기분을 맞추고 기업의 가치를 훼손하지 않으려 감정을 꾹 누르고 일하는 노동자가 감정노동자다. 따지고 보면 대부분의 근로자가 이에 해당한다. 미국 버클리대의 사회학자 알리 러셀 혹실드 교수의 저서인 『통제된 마음』에 처음 등장했다. 그런데 유독 심한 직종이 있다. 텔레마케터 · 호텔관리자 · 네일아티스트로 일하는 사람들이다. 한국고용정보원이 730개 직업 종사자 2만 5,550명을 조사한 결과다. 전화 · 대면 · 전자메일과 같은 대인접촉 빈도와 외부고객 · 민원인 대응 중요도, 불쾌하거나 화난 사람을 대하는 빈도를 종합 분석했다. 그 결과 의료 · 항공 · 경찰 · 영업 · 판매 같은 서비스업종에 종사하는 근로자 대부분이 감정노동 강도가 셌다. 중독치료사, 창업컨설턴트, 주유원, 항공권 발권 사무원, 노점판매원, 취업알선원, 치과위생사와 같은 직종이다. 세월호 참사 이후 해양경찰관도 민원에 시달리며 17위에 올랐다. 대한항공 '땅콩 회항' 사건으로 주목받은 항공기 객실승무원도 이름을 올렸다. 텔레마케터, 경찰관, 환경검사원, 항공기 객실승무원은 화난 고객을 상대하느라 진을 뺐다. 주유원이나 약사, 매표원, 호텔관리자, 사무기기 설치 · 수리원은 수많은 사람을 만나며 그에 맞춰 응대하느라 스트레스를 받았다. 중독치료사나 자연환경안내원, 장례지도사, 보험대리인, 치과위생사는 다양한 외부고객을 설득하고 맞추느라 힘들어했다. 박상현 고용정보원 연구위원은 "고객 만족 소비문화가 감정노동이라는 그늘을 만들었다."며 "자신의 감정을 숨긴 채 웃어야만 하는 이들에게 군림하기보다 배려하는 문화를 확산하고 정부도 정책지원과 예방책을 마련해야 한다."고 말했다. 고용노동부는 지난해부터 '착한 소비문화 캠페인'을 펴고 있다. 감정노동자를 존중하고 배려하자는 취지다. 올해 안에 감정노동자 정신질환에 대한 산재 인정 기준도 마련할 방침이다.

– 김기찬 선임기자(2015.10.14). 중앙일보, wolsu@joongang.co.kr

02 공공 매너 및 일상 매너

1. 노상(보도)에서의 상석과 매너

- 노상(보도)에서 상석의 경우, 두 명이 걸을 때는 오른쪽이 상석, 세 명이 걸을 때는 가운데가 상석(제1석), 오른쪽이 차석(제2석), 그리고 왼쪽이 하석(제3석)이다.
- 네 명이 걸을 때는 가운데 두 명 중 오른쪽이 최상석(제1석)이며, 앞 · 뒤로 걸을 때는 손윗사람이 앞서게 된다.
- 노상(보도)에서의 매너는 같은 동성끼리 걸을 경우에는 연령순으로 연장자가 안쪽에, 이성과 함께 걸을 경우에는 남성이 차도쪽(바깥쪽)에 선다.
- 혼잡한 거리는 옆 사람과 부딪히지 않도록 주의하고, 부득이 부딪힌 경우에는 반드시 사과한다.
- 길에서 짐을 끌 경우, 주위에 피해가 가지 않도록 한다.

2. 고급 레스토랑에서의 테이블 매너

- 식사를 전제로 할 때는 반드시 사전에 예약을 한다.
- 레스토랑에 갈 때는 향이 강한 향수를 뿌리지 않도록 한다.
- 레스토랑에 들어가면 바로 빈 테이블로 가지 말고, 입구에서 직원의 안내를 받도록 한다.
- 외투나 부피가 큰 소지품은 휴대품 보관소Cloak Room에 맡기도록 한다.
- 남 · 여 모두 모자를 벗는 것이 예의이다.
- 여성의 핸드백은 테이블 위에 올려놓지 말고, 의자 뒤쪽 혹은 의자 고리에 걸도록 한다.

- 웨이터를 부를 때는 소리 내어 부르지 말고 가벼운 손짓으로 한다. 웨이터가 손님 테이블에서 멀지 않은 곳에 대기하고 있는 것은 웨이터의 기본 의무이므로 미안해 하거나 신경이 거슬려 할 필요는 없다.
- 테이블 위에 세팅되어 있는 포크, 나이프, 스푼 등은 나름대로 용도가 있다. 음식이 나오는 순서에 따라 바깥쪽에서 안쪽 순으로 사용하면 되고, 한번 사용한 것은 빈그릇에 올려 같이 치우게 한다.
- 음식과 빵은 왼쪽 와인을 포함한 음료는 보통 오른쪽에서 서브된다는 것을 알고 있으면 어느 것이 내 것인지 혼돈되지 않는다.
- 식사 중 이야기를 하면서 포크나 나이프의 끝을 세우거나 흔들지 않도록 한다. 특히 나이프를 상대방 쪽으로 가리키는 것은 불쾌감을 줄 수도 있다.
- 식사 중 포크나 스푼이 바닥에 떨어지면 본인이 직접 구부려서 줍지 말고 웨이터에게 손짓하여 치우도록 한다. 만약 여성이 떨어뜨렸다면, 남성이 얼른 주워 웨이터에게 건넨다면 더 자상한 배려가 된다.
- 스테이크를 자를 때는 미리 잘라놓지 말고 가급적 차례로 잘라서 먹는 것이 옳은 방법이다. 왼손으로 사용하던 포크를 오른손으로 바꿔 잡는 것은 무방하다.
- 친구나 가족 모임이라면 몰라도 비즈니스 등 격식을 갖춰야 하는 자리라면, 음식을 먹을 때 가급적 소리를 내지 않도록 한다.
- 고급 레스토랑에서 소스를 더 달라고 하거나 자기 취향에 맞는 별도의 소스를 요청하는 것은 그 음식을 만든 조리장에 대한 예의가 아니다.
- 입 안에 음식을 가득 넣고 말을 한다거나, 음식을 입에 넣을 때 입을 크게 벌려 입 안의 음식이 보이는 일이 없도록 주의한다.
- 냅킨으로 입을 닦을 때 톡톡 찍듯이 조심스럽게 닦는다.
- 비즈니스 자리에서 식사 중 자리를 뜨는 것은 오해를 살 수도 있는 실례이므로, 급한 전화나 화장실 등의 용무가 있지 않다면 자리를 뜨지 않도록 한다.

- 식사를 다 마친 후에는 포크와 나이프를 오른쪽에서 한데 모아 날을 안쪽으로 하여 가지런히 정돈해 둔다.
- 음식을 먹은 자리에서 숙녀가 입술에 립스틱을 다시 바르는 것은 좋은 모습이 아니다(월간 강릉매거진, 2011).

3. 휴대전화 매너

세계적 지휘자 주빈메타가 지휘하는 빈 필하모닉 오케스트라의 공연장에서 하프 협연 도중 갑자기 휴대전화 신호음이 가냘픈 하프음을 압도하자, 당황한 여자청중이 휴대전화가 든 가방의 지퍼를 열지 못해 허둥대는 소란을 일으킨 일이 있었다. 또 다른 경우, 인기영화의 결정적 장면에서 갑자기 정적을 깨며 들리는 "어, 난데 말이야!"란 소리에 짜증을 낸 경우도 있다.

지금은 전 국민 대부분이 휴대전화를 가지고 있다. 따라서 버스 안에서, 사무실에서, 심지어 공연장에서까지 때와 장소를 가리지 않고 울려대는 휴대전화 신호음은 신종 스트레스이자 문화 후진국임을 입증하는 요소가 되고 있다. 건전한 통신문화의 장착을 통해, 모두가 보다 즐겁고 편리하게 휴대전화를 사용할 수 있도록 아래의 사항들을 실천하는 것은 서비스의 기본이다(서비스 BASIC, 2004; 손일락 · 김영식, 2012).

자료 : 공공장소에서 휴대전화 매너 지키기

외부 사람이 상사나 동료의 휴대전화 번호를 물어볼 때는 회사 방침에 따라 답변한다. 일반적으로 회사에서 지급된 휴대전화 번호는 알려준다. 회사 방침에서 알려주지 않는 것일 때에는 "죄송합니다. 제가 OOO 씨에게 전화를 드리라고 하겠습니다."라고 말하며 정중하게 거절한다.

고객과의 상담 중에는 반드시 휴대전화의 전원을 꺼놓는 것이 기본 매너이다. 만일 전원을 꺼놓는 것을 잊었는데 전화가 울린다면 "대단히 죄송합니다." 하고 즉시 전원을 끄는 것이 좋다. 상담 후에 전화를 걸었던 곳에 전화를 걸어 도저히 전화를 받을 수 없는 상황이라 전원을 껐다는 것을 알리고 사과의 말을 전해야 한다.

- 통화는 짧게 하되, 벨소리 대신 진동으로 해놓는 습관을 가진다.
- 방문했거나 남의 집에 머물면서 휴대전화 통화를 하는 것은 공손하지 못하다.
- 전화사용 에티켓과 같이 휴대전화도 아침 9시 이전, 밤 9시 이후에는 가능한 하지 않는다.
- 휴대전화를 받으면서 먼저 "OOO입니다."라고 이름, 회사명 등을 말한다.
- 문자메시지를 보낼 때 발신자 이름을 적어 보내도록 한다. 그리고 문자 메시지를 보낼 때에 소리가 나지 않도록 유의한다.
- 공공장소에서는 휴대전화를 꺼둔다. 공연장 · 극장 · 상가 등에서는 벨소리가 일순간에 분위기를 망친다. 잠시 전원을 끄고 쉬는 시간에 음성이나 문자를 확인한다.
- 벨소리는 최대한 낮추고, 걸려오는 전화는 바로 받는다. 왜냐하면, 여러 번 울리는 전화는 주위사람을 짜증나게 하므로, 전화벨이 여러 번 울리기 전에 받는다.
- 통화는 고운 말로 가급적 조용한 곳에서 하며, 낮은 목소리로 통화한다.
- 통화가 타인에게 피해를 주지 않는지 주위를 살핀다.
- 휴대폰 주인이 부재중일 시 울리는 전화는 받지 않는 것이 좋다.
- 전화를 걸 때 상대방이 통화가 가능한지 반드시 확인한 후 통화를 한다.
- 전화를 먼저 건 사람이 먼저 끊는 것이 원칙이다. 단, 고객과 상사의 경우에는 상대방이 먼저 끊는 것을 확인하고 끊는 것이 예의이다.
- 카메라폰으로 모르는 사람을 찍을 경우 사전에 양해를 구해야 한다. 즉 카

메라폰으로 타인의 인권과 사생활을 침해하지 않도록 조심해야 한다.

- 버스나 전철, 기차 등 대중교통 수단을 이용할 때는 휴대폰을 사용하지 않는 것이 원칙이나, 불가피한 경우에는 조용하게 통화한다.
- 병원 · 공연장 · 비행기 · 학교 등에서는 휴대폰을 꺼놓는다. 비행기 안에서 전화를 걸면 전자기기의 오작동으로 사고의 위험이 있다. 전자파는 주유소에서는 스파크로 인한 화재를, 병원에서는 정밀 의료기기의 오작동을 일으킬 수 있다.
- 운전 중에 반드시 핸즈프리를 사용한다. 휴대전화를 사용하는 운전자는 소주 6~7잔을 마시고 운전하는 것과 같으며, 사고의 확률이 일반 운전자에 비해 4배나 높다.
- 수업 중에는 휴대폰을 꺼두는 것이 원칙이다. 불가피한 경우 진동으로 한다.
- 장례식장이나 조문 시 휴대폰 사용은 삼간다. 고인과 상주에 대한 결례가 된다.

4. 전자메일의 사용 매너

최근 인터넷이 발달하면서 편지를 손으로 직접 쓰는 일이 줄어들고 간단한 비즈니스상의 전자메일e-mail 사용이 보편화되었다. 전자메일은 읽고 싶을 때 읽을 수 있는 간편함으로 직장에서도 많이 사용되고 있다. 그러나 비즈니스 문서와 마찬가지로, 전자메일만으로 서로가 연락을 주고받을 수 있기 때문에 문장 표현이나 형식에 보다 세심하게 신경을 써야 한다.

1) 전자메일의 작성법

(1) 제목은 구체적이며 간결하게 한다.

비즈니스상의 메일을 활용하는 사람은 하루에도 수없이 많은 메일을 주고받는다. 특히 불필요한 스팸메일로 "안녕하세요." 등과 같은 일반적인 인사를 메일 제목으로 쓰면, 상대방이 확인도 하지 않은 채 휴지통에 버릴 확률이 높다. 그러므로 제목은 구체적이고 간략하게 하여 상대방으로 하여금 내용을 짐작할 수 있도록 한다.

(2) 여백을 만든다.

단락이나 내용에 따라 한 행의 여백을 넣으면 읽기가 한결 편해진다.

(3) 특수문자(※◎★♣ …)의 사용을 자제한다.

컴퓨터 기종에 따라 문자가 깨질 수도 있으며, HTML 형식으로 대응할 수 없는 경우도 있으므로 특수문자 사용을 자제한다.

(4) 상대방에게 피곤함을 줄 수 있으므로 장문의 메일은 지양한다.

(5) 서류를 첨부하는 경우에는 첨부파일이 있다는 것을 내용에 반드시 적는다.

(6) 답장은 바로 보낸다.

전자메일은 상대방에게 발신하는데 1초도 안 걸리고, 보낸 시간과 함께 수신 확인도 가능한 경우가 많으므로 되도록 빨리 답장을 보내는 것이 좋다.

2) 전자메일상에서의 인사말 작성법

편지처럼 형식을 차리지는 않지만, 비즈니스 메일이라도 간단한 인사말을 하는 것이 좋다.

전자메일에서의 인사말 예

전자메일 유형	인사말 내용
일반적인 메일	• 직접 찾아뵙고 인사를 드려야 하는데 메일로 인사드립니다. • 항상 많은 도움을 주셔서 감사드립니다.
신경 써야 하는 메일	• 늘 신경 써 주시고 관심을 가져 주셔서 감사드립니다.
답장 메일 첫 인사	• 메일 감사합니다. • 보내 주신 메일 잘 받았습니다.
부탁 시 끝인사	• 항상 감사드립니다.
서류요청 시 끝인사	• 갑자기 추워진 날씨에 건강 조심하세요. 요청 드린 견적서 보내 주시길 바라며, 따뜻한 하루 보내시기 바랍니다.

자료 : 조영신 · 김선희 · 이석호(2016), 서비스매너

03 여행 시 기내에서 지켜야 할 에티켓

1. 기내 좌석에서의 에티켓

① 비행기 내에서 간편한 옷차림을 하거나 슬리퍼를 신는 것은 괜찮으나, 속옷차림을 하고 있거나 양말을 벗는 것은 곤란하다.

② 신발을 벗는 것도 가능하나, 되도록 타인에게 보이는 것은 좋지가 않다. 야간비행 중에는 흔히 신발을 벗게 되므로 따뜻한 양말이나 덧신을 준비하는 것이 좋다.

③ 비행기 내에서 옷을 갈아입을 때에는 화장실을 이용한다.

④ 승무원을 부를 때는 호출버튼을 누르거나 통로를 지날 때 가볍게 손짓을 한다. 또한 눈이 마주칠 때 살짝 부르는 것이 좋다.

⑤ 좌석의 등받이를 뒤로 젖힐 때에는 지나치게 젖혀서는 안 된다. 비행기의 이 · 착륙과 식사 때에는 젖혀놓은 등받이를 반드시 원위치로 해 놓는다. 또한 좌석 등받이를 젖힐 때는 조심조심 해야 한다. 지루하고 무료한 비

행시간을 잠만 자는 게 아니다. 때로는 오랜 시간 책을 보거나 노트북으로 업무를 보고자 하는데, 앞좌석에서 갑자기 등받이를 젖힌다면 기분이 어떨까? 특히 식사시간에 그런 일이 일어난다면 음식물이 엎어지거나 쏟아질 수도 있다. 한 예로, 2015년 4월 17일 중국 다롄에서 선전으로 가던 여객기 안에서 앞좌석 등받이를 너무 눕혔다며 20대 여성 2명과 50대 여성 2명이 싸움이 붙었고, 상공 7,000m에서 벌어진 싸움 때문에 비행기는 장쑤성 난퉁공항에 비상착륙 하였다. 물론 싸움의 당사자들은 사법처리를 피하기 어려웠다(한경닷컴 면세뉴스, 2015).

⑥ 기내에 소지하고 들어간 짐은 좌석 밑이나 선반 위에 안전하게 올려놓고, 떨어질 위험이 있거나 깨지기 쉬운 물건은 반드시 좌석 밑에 보관한다. 베개와 모포는 머리 위의 선반에 자리하고 있는데 취침 때 사용하며, 한꺼번에 베개나 모포를 두세 개 사용하는 것은 삼가는 것이 좋다.

⑦ 기내 상석은 2인용 좌석의 경우 장거리 노선은 통로쪽이며, 단거리 노선은 창가쪽이다(3인용 좌석은 가운데가 가장 말석이다).

⑧ 기내에서는 어떻게 잘지 고민을 하자. 비행기에 타면 대개 많은 사람들이 잠을 청한다. 하지만 1등석이나 비즈니스 좌석이 아닌 이상 편안히 누워서 잘 수는 없다. 좁고 불편한 좌석이긴 하지만 기내 취침에도 에티켓이 존재한다. 그러므로 취침 자세를 올바르게 가져야 한다. 흔들리는 당신의 머리에 옆 사람이 불쾌해 할 수도 있다. 만일 필요하다면 승무원에게 무릎담요나 기타 도구를 빌려서 자신의 자세를 제어하는데 사용해야 한다. 이는 기내에서 잠자는 에티켓의 필수이다(한경닷컴 면세뉴스, 2015).

2. 기내에서 식사를 할 경우의 에티켓

① 식사서비스가 시작되면 자리로 돌아가 좌석 등받이의 간이 테이블을 펴놓고 기다린다. 또한 식사서비스가 시작되면 좌석 등받이를 세워 뒷좌석

승객이 불편함 없이 식사할 수 있도록 배려하고, 식사서비스 중에는 좌석 이동을 삼간다. 식사가 끝나면 반드시 식사 테이블을 원래 위치로 돌려놓아야 하며, 이때 테이블을 '쾅' 하고 닫음으로써 옆 사람을 놀라게 하지 말아야 한다.

② 기내에서의 음주는 기압 차이로 평소보다 과음을 하게 되어 해로울 수 있으므로 주의한다. 국제선의 경우 음료수 · 알코올음료 · 식사가 무료이며, 각 나라의 시간 차이에 따라서 1일 5식 정도가 제공된다. 그러나 기내에서 술을 마시면 지상보다 기압이 높아 한 잔만 마셔도 술집에서 세 잔을 마신 것과 같으므로 술은 적당하게 마시는 것이 좋다. 즐거운 여행을 꿈꾸며 기내에서 간식과 함께 하는 맥주 또는 와인 한 잔은 설레는 마음을 즐기는 용도로 활용될 수 있다. 하지만 나만 타고 가는 비행기가 아니고, 함께 목적지로 향하는 수많은 승객들이 있기에 기내 음주가 과해지면 판단력이 흐려져 주변사람들에게 피해를 줄 수가 있다. 한 예로, 가수 바비킴은 지난 4월 28일 기내에서 제공된 와인을 무절제하게 마시다가 과한 음주로 인한 소란과 난동을 피워 징역 1년에 집행유예 2년 형을 받은 바 있다(한경닷컴 면세뉴스, 2015).

③ 창가쪽에 앉았을 경우, 통로쪽 승객이 식사 중일 때에는 끝날 때까지 기다렸다가 일어선다. 통로쪽에 앉았을 경우에는 창가쪽에 앉은 승객의 식판을 받아 건네주는 것이 바른 매너이다.

3. 기내 화장실의 에티켓

① 남 · 여 공용이므로 화장실에 들어가면 반드시 안에서 걸어 잠그면 사용중Occupied이라는 표시가 나타난다. 잠그지 않을 경우, 비어 있음Vacant이라는 표시가 되어 다른 승객이 문을 열 수 있다.

② 사용 후에는 반드시 세척Toilet Flush이라 표시된 버튼을 누르고, 그래도 더

러울 때는 화장지로 닦아준다.

③ 안전벨트의 착용 마크에 불이 들어와 있는 동안은 화장실 사용을 금지하고 있다. 이 마크에 불이 들어오면 될수록 빨리 나와 제자리로 돌아가 좌석벨트를 매야 한다.

④ 기내 화장실은 많은 사람들이 공동으로 사용하는 공간이다. 그렇기 때문에 혼자서 오랜 시간 점유하거나 사용 흔적을 남기는 것은 주변 사람들의 눈살을 찌푸리게 하는 비매너 행동이 될 수 있다.

비행기가 지상에 머무르고 있는 동안이나 이 · 착륙 시 및 금연 사인이 켜져 있는 동안은 절대 금연이다. 특히 화장실에서는 반드시 금연을 해야 한다. 한 예로, 가수 김OO 씨는 대한항공 여객기 화장실에서 담배를 피우다가 적발되어 벌금 100만 원의 약식명령을 받은바 있다. 화장실은 깔끔하고 남을 위한 배려가 필요한 공간이라는 인식이 필요하다(한경닷컴 면세뉴스, 2015).

4. 여행 시 주의해야 할 에티켓

1) 항공권을 잃어버린 경우

기존에는 여행 중 항공권을 잃어버린 경우, 티켓을 구입한 항공사나 항공사 대리점을 찾아가 항공권번호 · 발권년월일 · 구간 등을 말하면 다시 재발급을 받을 수 있었다. 그러나 e-티켓 시대는 항공예약시스템에서 항공권 이미지를 조회할 수 있으므로, 항공권 분실에 대한 염려를 할 필요는 없다. 그러나 만일을 위해서 항공권 번호, 발권 연월일, 예약번호PNR address, 구간, 여행사나 항공사의 전화번호는 꼭 메모해 두는 것이 좋다.

2) 수하물을 잃어버린 경우

먼저 'Baggage Claim'이라는 수화물분실신고소Lost & Found에 가서 신고해야 한다. 이때 수화물의 꼬리표 제출과 화물의 특징을 말한다. 해외여행보험을 가입한 사람은 분실증명서를 공항이나 항공사에서 발급받아, 찾지 못할 경우 보상 문제에 대비해야 한다.

고객 서비스

제7장

이 미 지 메 이 킹

매너와 커뮤니케이션 스킬

우리가 하는 사업과 업무의 궁극적 목적으로, 고객이 없다면 우리는 결코 존재할 수 없다. 고객이 우리에게 의존하는 것이 아니라, 우리가 고객에게 의존하는 것이다. 따라서 고객은 우리에게 기회를 주는 사람으로 논쟁하거나 다투어서 이길 대상이 아닌 것이다.

01 고객접점의 이해

상호작용으로 구분하는 관점과 상호작용의 기간으로 구분하는 두 개의 관점으로 크게 구분하고 있다. 접점서비스에 관한 최초의 정의는 솔로몬, 서프레난트, 체피엘 및 구트만(Solomon, Suprenant, Czepiel & Gutman, 1985)에 의해 제시되었으며, 이들은 고객접점서비스를 서비스 환경에 있어서 사람 간에 직접적으로 대면Face-To-Face하는 상호작용으로 정의하였다. 즉 서비스 상황 속에서 구매자와 판매자 간의 대면적인 상호작용으로 파악하면서 서비스 제공자와 고객 간의 상호의존성에 초점을 두었다.

고객접점서비스는 MOMoment of Truth, 진실의 순간라고 쓰이기도 하는데, 이는 스페인의 투우용어인 'Momento De La Verdad'를 영어로 옮긴 것으로, 스페인의 마케팅 학자인 노만(Norman)이 서비스질의 관리에 처음 사용하였다. 원래 이 용어는 투우사가 소의 급소를 찌르는 짧은 순간을 말하는데, '피하려 해도 피할 수 없는 순간' 또는 '실패가 허용되지 않는 매우 중요한 순간'을 의미한다.

1986년 스칸디나비안항공사Scandinavian Airlines; SAS의 칼슨(Carlzon, 1987) 회장이 발표한 경영사례인 『Moment of Truth』라는 저서에 대략 1,000만 명의 고객이 각각 5명의 직원들과 접촉했으며, 1회 응대시간은 평균 15초라고 하였다. 따라서 1년에 고객의 마음속에 회사의 인상을 새겨 넣는 순간들이 5,000만 번 있으며, 고객접점서비스상의 15초 동안의 짧은 순간이 결국 SAS의 전체 이미지, 나아가 사업의 성공을 좌우한다는 내용이 학계와 기업에 확산되면서 MOT가 서비스의 기본용어가 되었다.

1. 고객 맞이하기

우리는 준비 · 환영서비스를 잘하기 위해 무엇을 해야 하는지를 알았다면, 이제는 어떻게 할 것인가를 알아야 한다. SAS(스칸디나비아항공)의 얀 칼슨 회장이 주창한 대로, 서비스 제공자가 고객과 만나는 모든 순간은 진실의 순간The Moment of Truth이다. 각 단계에서 서비스제공자가 어떻게 하느냐에 따라 담당자 및 그 회사의 서비스품질이 결정되는 것이다. 첫 번째 단계가 고객 맞이하기이다.

고객을 맞이할 준비(외모 · 마음가짐 포함)를 완료한 후에 실제로 고객과 만나는 순간(실제 대면 및 전화 또는 인터넷 등 모든 경우를 포함)에는 목소리의 톤, 언어적 표현, 몸짓 언어(바디 랭귀지)가 밝고 활기차며 부드럽게 준비되어야 한다. 하나를 보면 열을 안다고, 첫 대면에서 부정적이고 짜증이 나며 불친절하고 공격적인 서비스제공자를 좋아할 고객은 아무도 없다.

2. 고객 이해하기

두 번째는 고객이 진실로 무엇을 원하는지(고객 니즈)를 파악하는 단계로 경청 · 질문 · 확인이다. 고객 니즈의 파악은 고객이 원하는 바를 적극적으로 경청할 때에 알 수 있다. 필자는 간혹 텔레마케팅을 하는 회사의 전화를 받는데, 그들은 내 말을 듣기보다는 일방적으로 고객에게 설명하려고 한다. 내 귀중한 시간에 일방적으로 그들의 말을 들어야 하는 것은 아주 잘못된 사례이다.

그리고 고객은 때때로 자기가 원하는 것을 사실Fact로 말할 때도 있지만, 가끔은 사실보다는 감정Feeling을 전달할 때도 있다. 클레임을 제기할 때가 대표적인 경우인데, 서비스회사의 상황을 이해는 하지만, 비행기 연착 및 화물이 제

때 도착하지 않아 속상한 감정을 불만인 듯이 표현할 때도 있다. 그때는 그 사람의 감정을 이해하고 공감해 주는 것으로도 문제가 해결될 수도 있다. 그러나 서비스제공자는 고객의 감정 표현에 대해 논리적으로 아니라고만 반박하다가 크게 낭패를 당할 수도 있다. 마지막으로, 잘못 알아들었을 경우에는 다시 질문을 하고 고객이 원하는 내용을 정확히 확인하는 것이 중요하다.

3. 고객 도와주기

세 번째 단계는 고객 도와주기인데, 첫째, 정보 및 대안 제시, 둘째, 기대치 설정, 셋째, 동의 확인이다. 고객 도와주기라는 것은 고객에게 정보나 상품 혹은 다른 도움(대안)을 제공하는 것이다. 간혹 서비스제공자가 자기 할 일을 다 했는데도 고객이 불만을 느끼는 상황을 마주칠 때가 많이 있다. 왜 그럴까? 고객이 원하는 것은 어떤 해결책Solution을 원하는 것이지, 단순정보나 상품이 아닐 경우가 많다. 그러기 위해서는 다양한 대안을 제시할 수 있는 아이디어와 해결책을 알고 있어야 하며, 그것이 자신이 해 줄 수 있는 범위의 것인지 또는 고객이 원하는 것인지 동의를 구할 수 있어야 하는 것이다.

4. 고객 유지하기

마지막 단계는 서비스가 고객의 기대대로 실행되었는지 확인하는 것인데, 첫째, 고객 만족 점검, 둘째, 감사 표시, 셋째, 미래의 영업기회와 연결, 넷째, 이행 점검 등이다. 자동차 영업사원의 예를 들어보자. 자동차를 팔기 전에는 그렇게 전화도 자주하고 친절하게 설명하던 사람이, 막상 자동차를 구입한 후에는 자동차 사용에 불편은 없는지 또는 기대와 다른 점이 없는지를 물어오는 경우는 거의 없다. 막상 필요할 때 전화를 해도 바쁘다는 핑계로 제대로 응대조차 안 하는 경우도 허다하다. 그러나 자동차 판매왕이 된 사람들은 뭔가가 다르다.

한 번 고객이 되면 나중에 어떤 계기로 다시 한 번 고객이 될 가능성이 매우 높다고 말한다. 통계에 의하면, 만족한 고객의 96%가 다른 사람에게 그 제품이나 상품을 소개해 준다. 입소문이 TV · 신문광고보다 더 무섭다는 것은 잘 알고 있는 것이다. 전화 한 통화, 메일 한 줄이 당신을 특별한 서비스제공자로 만들어 줄 수도 있다(박종필, 2004).

쉬어가기 서비스의 순간

서비스의 순간, 진실의 순간은 첫째, 고객 맞이하기–준비–환영 서비스를 잘하기 위해 무엇을 해야 하는지를 알았다면, 이제는 어떻게 할 것인가를 알아야 한다. SAS(스칸디나비아항공)의 얀 칼슨 회장이 주창한 대로 서비스제공자가 고객과 만나는 모든 순간은 진실의 순간(The moment of truth)이다. 각 단계에서 서비스제공자가 어떻게 하느냐에 따라 담당자 및 그 회사의 서비스품질이 결정되는 것이다.

첫 번째 단계가 고객 맞이하기이다. 고객을 맞이할 준비(외모, 마음가짐 포함)를 완료한 후에 실제로 고객과 만나는 순간(실제 대면 및 전화 또는 인터넷 등 모든 경우를 포함)에는 목소리의 톤, 언어적 표현, 몸짓 언어(바디랭귀지)가 밝고, 활기차고, 부드럽게 준비되어야 한다. 하나를 보면 열을 안다고 첫 대면에서 부정적이고, 짜증나고, 불친절하고, 공격적인 서비스제공자를 좋아할 고객은 아무도 없다.

둘째, 고객 이해하기(경청 · 질문 · 확인)는 고객이 진실로 무엇을 원하는지(고객 니즈)를 파악하는 단계이다. 고객 니즈 파악은 고객이 원하는 바를 적극적으로 경청할 때에 알 수 있다. 나는 간혹 텔레마케팅을 하는 회사의 전화를 받는데, 그들은 내 말을 듣기보다는 일방적으로 고객에게 설명을 하려고 든다. 내 귀중한 시간에 나는 일방적으로 그들의 말을 듣고 있어야 하는데 이는 아주 잘못된 사례이다. 그리고 고객은 때때로 자기가 원하는 것을 사실(fact)로 말할 때도 있지만, 가끔은 사실보다는 감정(feeling)을 전달할 때도 있다. 클레임(claims)을 제기할 때가 대표적인 경우인데, 서비스회사의 상황은 이해하지만 비행기 연착 및 화물이 제때 도착하지 않아서 속상한 감정을 불만인 듯이 표현할 때도 있다. 그때는 그 사람의 감정을 이해하고, 공감해 주는 것으로도 문제가 해결될 수 있는데, 서비스제공자는 고객의 감정 표현에 대해 논리적으로 아니라고만 반박하다가 크게 낭패를 당할 수도 있다.

마지막으로, 잘못 알아들었을 경우에는 다시 질문하고, 고객이 원하는 내용을 정확히 확인하는 것이 중요하다.

– 박종필(2014)

02 어떻게 고객을 대해야 하는가?

가끔 무례한 고객에게 어떠한 반응과 조치를 취해야 하는지에 대한 질문을 받는다. 늘 기억하라! 고객은 왕이다. 고객이 없으면 우리가 어떻게 살아갈 수가 있겠는가? 고객 중에는 오만하고 무례하며 요구사항이 많고, 경솔하고 사려 깊지 못한 고객도 있다.

훌륭한 서비스를 제공하기 위해서는 모든 고객을 친절하게 대함으로써 그들의 불만을 잠재우는 것이 필요하다. 따뜻한 미소와 이름을 불러주는 친절은 고객을 당신 편으로 만드는 강력하고 효과적인 서비스 기법이다.

1. 고객은 이렇게 대하라

1) 고객을 대우하는 10가지 방법

① 황금률을 지켜라.

② 칭찬하라.

③ 솔직해라.

④ 친구가 되라.

⑤ 미소를 지어라.

⑥ 들어라.

⑦ 베풀어라.

⑧ 나보다 고객을 생각하라.

⑨ 고객을 관리하라.

⑩ 고객의 이름을 불러라.

2) 고객의 입장이 되어 고객처럼 생각한다.

"요리를 알아야 제품을 팔 수 있다."

주방 전자제품 메이커인 동양매직의 직원대상으로 한 대고객 전략이다.

3) 고객에게 찬사를 아끼지 말라.

4) 고객을 부르는 음성과 고객을 쫓아내는 음성이다.

고객을 부르는 음성	고객을 쫓아내는 음성
부드러운 음성	차가운 음성
밝고 맑은 음성	무서운 음성
변화 있는 음성	무기력한 음성
자연스러운 음성	단조로운 음성
미소가 담긴 음성	낮고 어두운 음성

5) 고객을 위한 마중물이 되자.

필자의 어릴 적 집 마당 끝에 우물이 하나 있었다. 이웃 서너 집이 공동으로 쓰는 우물이었다. 어느덧 세월이 흘러 우물도 근대화 물결의 옷을 입었다. 새마을운동이 시작되고 농촌 흙길이 시멘트로 뒤덮였다. 우물은 입구가 봉쇄되고 두레박 대신 펌프가 설치되었다. 펌프로 물을 퍼 올리려면 펌프질을 하기 전에 한 바가지 정도의 물을 펌프에 부어야 했다. 물기 하나 없이 메마른 펌프를 움직이게 하는 힘, 생명수를 끌어올리는 힘은 바로 이 한 바가지의 '마중물'이었다.

수많은 사람들이 먹을 물을 끌어올리는 데는 많은 물이 필요하지 않다. 마중물 한 바가지면 충분하다. 제품에 불만이 있거나 서비스가 마음에 들지 않아 마음이 상한 고객들, 화가 나서 불평하는 고객들을 달래는데 큰 노력이나 금전적 보상이 필요한 것도 아니다. 고객들의 불만과 불평을 들어주고 진심으로 고객들을 배려하는 마음이면 된다. 그것이 바로 고객서비스에서의 마중물이다.

고객을 위한 마중물이 되자(1)

고객이 새라면 우리는 둥지가 되자.
언제나 마음 편히 쉴 수 있도록.

고객이 나무라면 우리는 뿌리가 되자.
곧고 바르게 설 수 있도록.

고객이 뿌리라면 우리는 흙이 되자.
삶에 필요한 생명수를 줄 수 있도록.

고객이 몸이라면 우리는 발이 되자.
가고 싶은 곳 어디든지 갈 수 있도록.

고객이 발이라면 우리는 신발이 되자.
부드럽고 안전하게 보호해 줄 수 있도록.

고객이 나비라면 우리는 꽃이 되자.
맛있는 꿀과 향기를 줄 수 있도록.

고객이 꽃씨라면 우리는 바람이 되자.
꽃씨가 원하는 곳까지 데려다줄 수 있도록.

고객이 물고기라면 우리는 물이 되자.
마음껏 헤엄치며 다닐 수 있도록.

고객이 배라면 우리는 등대가 되자.
멀리서 돌아올 때 희망의 빛을 비추어 줄 수 있도록.

고객이 강 건너는 사람이라면 우리는 나룻배가 되자.
버선발 젖지 않고 건너갈 수 있도록.

고객이 바늘이라면 우리는 실이 되자.
아름다운 마무리를 할 수 있도록.

고객을 위한 마중물이 되자(2)

고객이 환자라면 우리는 의사가 되자.
아프고 괴로운 것 고쳐줄 수 있도록.

고객이 펌프라면 우리는 마중물이 되자.
시원한 물을 퍼올릴 수 있도록.

– 계도원(2009). 고객마음 고객행동 고객문화

2. 서비스 마인드

1) 고객의 입장에서 생각하고 판단하라.

상대방과의 입장을 바꿔놓고 생각해 보라는 이야기이다. 고객의 눈으로 보면 모든 것이 새롭다.

2) 따뜻한 미소로 고객을 녹여라.

적절한 시기에 단 한 번의 미소가 천 마디의 말보다 빛을 발휘할 수 있다. 서비스맨이 미소를 잃는다면 생명을 잃는 것과 같다.

3) 고객의 이름을 불러주어라.

고객은 자신을 기억해 주는 레스토랑이나 호텔에 대해서 호감을 갖게 된다. 고객에 베푼다는 것은 결국 고객의 이름이나 직책, 소속회사 정도를 아는 데서부터 출발한다. 고객의 이름을 외워두는 것은 서비스의 출발이다.

4) 진실의 순간 15초 안에 고객을 KO시켜라.

첫 만남이라는 짧은 시간인 15초 안에 고객을 만족시키기 위해서는 고객과의 접점이 이루어지는 순간을 잘 관리해 나가야 한다. 고객의 입장에서 보면 서비스에 대한 가장 생생한 인상은 고객이 서비스 회사의 어느 일부분에 접하는 순간에 받게 된다. 고객이 기업의 서비스품질을 느끼게 하는 시점이 바로 서비스 접점이다.

5) 고객의 존재를 부추겨 세워라.

고객은 누구나 위엄을 갖추고 싶어하며 중요한 대접받기를 원한다. 고객을 존중해야 한다. 한사람 한 사람의 존재를 높이 평가해야 한다. 얼마든지 무한

한 부가가치를 창조할 수 있는 힘을 가지고 있다.

6) 고객은 판매대상이 아니라 월급을 주는 사람이라는 신념을 가져라.

고객은 판매 대상이 아니다. 만족시켜야 할 대상이다. 그렇게 해야 고객으로부터 돈이 나온다. 고객은 나의 주인이다. 고객이 없으면 나도 없다는 신념을 가져야 한다. 고객은 판매 대상이 아니라 기업이 책임지고 만족시켜야 할 대상이며, 서비스의 질은 기업의 서비스문화의 질과 같다.

7) 궁극적으로 고객은 돈이라는 신념을 가져라.

고객은 한마디로 돈이다. 기업은 이윤추구를 하는 목적이 있으며, 이를 달성시키기 위해서는 고객을 만족시켜야 한다. 고객을 만족시키기 위해서는 다양한 개념의 서비스기법이 요구된다. 서비스를 통한 고객 만족이야말로 고객을 돈으로 만드는 기술이다. 고객은 돈이다. 하지만 모든 고객이 돈이 될 수는 없다. 만족한 고객만이 확실한 돈이다.

8) 고객은 손님이 아니라 주인으로 모셔라.

내가 주인이 아니다. 고객이 주인이다. 우리는 주인을 섬기고, 행복하게 만들고 우리를 떠나지 않도록 최선을 다할 뿐이다. 내가 대접받고 싶은 대로 고객을 대접해야 한다. 고객은 이성적이면서도 오히려 자질구레한 감정을 소유하고 있는 변덕스러운 존재임을 깨달아야 한다.

9) 서비스맨이라는 자부심을 가져라.

서비스맨은 직업에 대한 긍지, 자신이 하는 업무에 대한 자신감, 고객을 대하는 기쁨, 최고의 서비스맨이라는 자부심, 최첨단서비스 문화의 개척자라는 자부심을 가져야 한다.

10) 불평하는 고객을 존중하라.

불평을 말하는 고객에게 더 친절히 대하고 더 가까이에서 경청하는 습관을 길러야 한다. 불평하는 고객이 서비스의 질을 향상시킨다. 만족스러운 고객은 서비스를 향유할 뿐이다. 불평하는 고객이 초일류 기업을 만든다는 사실을 명심해야 한다. 그러므로 고객의 소리를 경청할 줄 아는 자세가 요구된다.

03 고객 컴플레인의 이해 및 응대법

고객의 불평Complain이란 '요구하다' 또는 '주장하다'의 의미에 어원을 두고 있다. 현실적으로는 서비스의 경험이 기대했던 수준에 미달하는 경우, 그리고 심리적 · 물리적 손실이 발생하는 경우에 이를 개선하거나 보상해 주기를 바라는 요구나 주장을 말한다. 또한 고객의 다양한 불평 행동은 복합적인 형태로 표출된다. 그리고 서비스 실패로 인한 고객 이탈은 해당 고객에 의한 수익의 감소뿐 아니라 다른 고객에게 파급됨으로써 손실이 확대되기도 한다. 예를 들어, 고객의 서비스 불만은 인터넷 홈페이지나 게시판의 게재, 블로그, SNS 등을 통해 수많은 고객들에게 영향을 미치게 된다.

1. 고객 컴플레인의 이해

카도조Cardozo는 1965년에 최초로 고객 만족 · 불만족에 대해 연구하였다. 그 이후 랜돈Landon에 의해 소비자의 불평 행동을 "소비자가 불만족을 초래한 책임이 있는 측에 불만족의 표현"으로 정의하고, 문제가 발생한 구매에 대한 모든 행동과 의사소통을 포괄하고 있다.

반면, 자코비와 자카드Jacoby & Jaccard는 1981년에 "제품이나 서비스에 관한 부정적인 정보를 제품이나 서비스를 제조한 기업이나 구매자 혹은 제3의 기관(소비자보호단체 · 공정거래위원회 등)에게 전달하는 행동"이라고 정의하고 있다.

심리적 이론에 의하면, 고객의 기대와 평가 간 차이가 곧 만족 · 불만족이며, 기대보다 실제 평가가 높으면 '만족이', 기대보다 실제 평가가 낮으면 '불만족이' 발생한다고 보고 있다. 즉 고객 기대와 지각된 제품성과 간의 불일치 정도를 만족 · 불만족으로 보는 것이다. 따라서 고객 만족은 제품의 질적 수준보다는 고객의 기대가 충족되었는지의 여부에 영향을 미치며, 그 결과로써 고객은 반복구매 · 대체구매 · 구전 등을 유발시킨다.

1) 불만족 고객의 영향

불만족 고객의 영향을 조사한 펜실베이니아대학 왓튼 스쿨의 2006년 불만족 고객 연구보고서에 따르면, 불만족 고객의 단지 6%만이 기업에 직접 항의를 하고 있으며, 불만족 고객의 다수인 63%가 침묵하고 있다고 보고되고 있다.

이렇게 잠재 고객이 부정적 구전을 발생하는 고객과 함께 기업에 대한 악성루머 전파에 참여하게 된다면, 구매 고객의 잠식은 심각하다고 볼 수 있다. 예를 들어, 100명의 고객이 불만을 느낄 경우 구체적으로 설명하면 다음과 같다.

- 63%의 고객은 침묵을 지키며 다른 기업으로 이동
- 31%의 고객은 가족이나 친구 등에게 적극적으로 알림(1~2명에게 전달 : 16%, 3~5명에게 전달 : 78%, 6명 이상에게 전달 : 6%)
- 6%의 고객만 직접 항의

이렇게 31%의 적극적인 불만 전달자들을 관리하는 것도 중요하지만, 63%의 침묵하며 이동하는 고객들이 발생하지 않도록 서비스기업에서 사전에 준비하는 것이 매우 중요하다.

또 다른 불만족 고객의 예를 살펴보면, 불만을 표현하는 고객은 서비스기업이 소비자를 불만족 상황에서 벗어나게 할 수 있는 기회가 된다. 만약 소비자가 불만족하면서도 불만을 표시하지 않는다면, 미래의 소비력을 가진 소비자를 잃게 되는 위험을 부담한다. 실제적으로 불만족스러운 소비자 20명 중 1명만이 불만족을 표현한다고 한다. 이것은 불평하는 소비자는 빙산의 일각임을 의미한다. 그러므로 회사는 불평을 환영하여 소비자 만족의 두 번째 기회로 삼아야 한다.

1992년의 미국 소비자문제연구소의 다니엘Deniel의 조사보고서에 따르면, "불평 · 불만을 가진 소비자의 90%는 불만 상품에 대해 재구매 의도가 없으며, 불만스러운 내용을 최소한 9명의 다른 사람에게 이야기하였다."라는 내용을 발표했다.

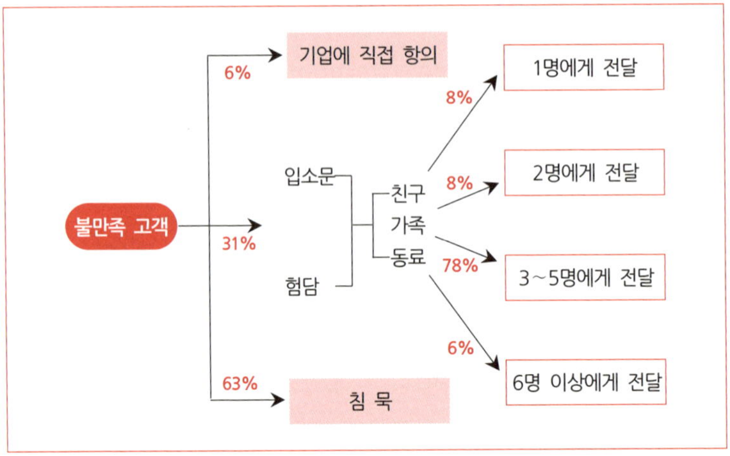

자료 : 박정민(2018); www.acronet.kr/2209(2008)

와튼 스쿨, 불만고객 연구보고서

2) 불만고객을 단골고객으로 만드는 기법

서비스 품질 측정을 고객이 기대했던 수준과 실제로 인식한 서비스 수준의 차이를 규명함으로써 서비스 수준의 높고 낮음을 측정하는 것이다. 이때 고객의 기대 수준에 영향을 주는 요소를 고객 자신의 개인적 욕구, 고객 자신의 과거 경험, 먼저 사용해 본다, 늘 고객으로부터 구전으로 전해들은 것, 기업의 광고나 홍보자료 또는 그 회사의 종사원이나 판매원이 전달하는 설명이나 약속, 서비스의 물리적 환경 등을 들 수 있다.

고객이 경험하는 서비스나 품질의 만족에는 '곱셈의 법칙'이 적용된다. 따라서 다양한 고객접점 중 어느 한 곳의 서비스가 '0'이면 전체 서비스만족도 역시 '0'이 된다. 여러 고객접점 중 한 곳의 서비스라도 불량하면 한 순간에 고객을 잃을 수 있으며, 특히 고객접점의 최일선에 근무하는 현장서비스 직원의 응대태도가 매우 중요함을 알 수 있다.

"당신은 친절하십니까?"라는 질문을 받는다면 거침없이 선뜻 대답하기가 쉽지 않을 것이다. 그러면 "당신은 친절한 사람을 좋아하십니까?"라는 질문에 즉시 "당연하죠. 네"라고 대답할 것이다.

이렇듯 우리는 내가 친절한 것보다, 타인이 나에게 친절해 주기 바라는 마음이 더 크다. 그래서 고객은 늘 언제 어디서나 즐겁게 기분 좋은 서비스를 기대한다. 또 그만큼 서비스 현장에서 기분 상하는 일과 마주쳤을 때 평상시 느끼는 불평이나 불만보다도 더 민감하게 반응하게 된다. 기대가 컸기 때문에 실망도 큰 것이다.

고객 불만이 발생하는 유형을 분석해 보면 다음과 같다.

① 고객의 기대에 못 미치는 서비스
② 지연 서비스
③ 직원의 실수와 무례함
④ 약속 미이행
⑤ 단정적 거절
⑥ 책임전가 등

서비스와 관련된 부분이 대부분이다. 그 외에도 자연의 힘에 의해 발생하는 문제나 시스템의 원인 등의 외부요인이 있지만, 우리의 실수이건 또는 다른 요인이건 고객의 불만에 정면으로 대처하고 해결을 강구하여 고객 만족을 이끌어내는 것은 현장에 있는 직원들의 몫이다.

서비스에 만족한 고객은 8명의 다른 고객에게 만족을 전파하지만, 서비스에 불만을 가진 고객은 25명의 다른 고객에게 그 불만을 전파한다고 한다. 따라서 불만을 나타내는 고객은 우리에게는 소중한 보석 같은 존재라고 할 수가 있다.

고객이 나타내 주는 불만은 우리와 우리가 속한 회사가 반드시 해결해야 하는 과제이다. 불만을 나타내는 고객은 해결을 원하는 것이고, 만족한 해결이 이루어졌을 때 오히려 단골고객이 되는 예가 많다는 사실을 늘 기억해야 한다. 그러면 불만고객이 발생했을 때 어떻게 행동해야 가장 현명한 태도일까?

불만고객을 단골고객으로 만드는 기법은 다음과 같다.

① 먼저 사과하라.

② 열심히 고객의 불만을 듣는다.

③ 변명을 하지 않는다.

④ 감사와 고객 관점의 어휘 사용으로 공감대를 형성한다.

⑤ 어깨를 나란히 마주하는 자세를 취한다.

⑥ 천천히 침착한 목소리로 이야기한다.

⑦ 약속 해결과 문제가 어려울 경우 관리자가 해결을 돕도록 한다.

⑧ 장소를 바꾼다.

⑨ 대안을 강구해 준다.

⑩ 세부정보를 정확하게 파악한다.

⑪ 신속히 처리한다.

⑫ 성실하게 불만처리를 하고 결과를 확인한다.

⑬ 피드백 시킨다.

⑭ 고객 불만일지를 작성한다.

04 고객관리

고객이 없으면 기업도 없고 서비스도 없다. 그래서 '고객서비스'라고 묶어서 칭하기도 한다. 이처럼 서비스는 고객에 의해서, 고객을 위해서 존재하는 것이다. 고객을 위한 최상의 서비스를 제공하기 위해서는 서비스의 목적이자 주체인 고객에 대한 개념을 명확히 파악해야 한다. 서비스 주체를 알아야 주체인 고객이 만족하고 감동하는 서비스를 생산·제공할 수 있기 때문이다.

좁은 의미의 고객은 단순히 우리의 상품과 서비스를 구매하거나 이용하는 손님을 지칭하는 말이지만, 넓은 의미의 고객은 상품을 생산하고 이용하며 서비스를 제공하는 일련의 과정에 관계된 자기 이외의 모든 사람을 지칭한다. 즉 현대사회에서는 '나' 말고는 모두가 '고객'인 셈이다.

고객 만족이란 'Satis(충분) + Facere(만들다 혹은 하다)'라는 라틴어에서 유래한다. 이에 따르면 만족은 '성취하거나 무엇을 채우는 것'으로 볼 수 있다. 고객 만족Customer Satisfaction은 고객의 성취 반응이므로 정해진 수준 이상으로 고객의 기대를 충족하는 것을 의미한다. 고객 만족의 개념은 마케팅사고에 있어서 긴 역사를 지니고 있으나, 소비자행동에 관한 연구들은 고객 만족을 사후 구매기간의 핵심요소로서 중요시하고 있다. 그 이유는 고객 만족은 반복구매와 우호적인 구전효과를 창출하기 때문이다.

고객 만족은 기업의 수익성을 증진시켜 주며, 새로운 고객으로 인한 매출액의 60% 이상이 구전효과의 영향을 받고 있기 때문이다. 즉 고객의 욕구와 기대에 부응하여 그 결과로서 상품과 서비스의 재구매가 이루어지고 고객의 신뢰감이 연속되는 상태이다.

1. 서비스 회복의 정의

『랜덤하우스사전』에서 "회복Recovery이란 잃어버렸거나 빼앗긴 것을 다시 찾을 가능성, 이전의 상태나 조건으로 또는 이전보다 좋은 상태나 조건으로 회복하는 것"이라고 정의하고 있다.

그뢴루스(Grönroos, 1988), 켈리와 데이비스(Kelly & Davis, 1994)는 서비스 회복을 "서비스 실패에 대해 서비스제공자가 취하는 일련의 행동"이라고 정의하며, 파라슈라만 등(Parasurman et al., 1993)은 "고객이 처음 제공된 서비스가 고객의 허용 영역 이하로 떨어지는 것을 인지하는 결과로서 취하는 여러 행동"이라고 정의하였다. 젬크와 벨(Zemke & Bell, 1990)은 "우수한 서비스 회복은 항상 불만족한 고객을 만족한 상태로 되돌릴 수 있다."라는 의미를 가지고 있기도 하다. 그래서 서비스 회복은 "기업이 서비스 실패로 인해 잃어버린 고객의 신뢰를 최소한 서비스 실패가 일어나기 이전의 상태 또는 그 이상으로 복원하고자 하는 노력"이라고 정의할 수 있다.

실제로는 효과적인 서비스 회복으로도 불만족한 고객을 만족한 수준으로 돌려놓지 못하는 경우가 많다. 미국의 거대 기업 시어즈 로벅Sears Roebuck의 한 임원은 고객의 불만에 대한 조치가 취해진 뒤에 고객이 느끼는 감정을 분석한 연구에서 이렇게 말한다. "고객의 불만이 해결되었더라도 대부분의 고객은 되돌아오지 않는다." 즉 서비스 실패로 인해 고객이 치명적인 손해를 보았다면 훌륭한 서비스 회복을 받았다 할지라도 만족하지 않는다는 뜻이다.

그래도 희망은 있다. 불만족 고객의 54~75%는 불만이 완전히 해결되었을 경우에 다시 그 기업과 거래를 하며, 불만이 신속하게 해결되었다고 느끼는 경우에는 그 비율이 95%까지 올라간다. 또 만족할 만큼 해결되면 자기가 받은 대접에 대해 5~10명에게 이야기한다.

2. 고객 감동의 6단계

① 고객 지향의 단계 : 생산지향에서 고객지향으로 고객의 존재가 중요하다고 처음으로 인지하는 단계이다.
② 고객 초점의 단계 : 조직이 고객을 대할 때 마음과 감정을 개입되지 않고 머리 중심으로만 대하는 단계이다.
③ 고객 기쁨의 단계 : 고객에게 즐거움과 기쁨을 주는 방향으로 나아가기 위해 여러 가지 방안을 마련하고 실천해 보는 단계이다.
④ 고객 감동의 단계 : 예전과는 다른 차원으로 최고의 단계로 조직이 사회와 국가에의 광범위한 의미의 목적에 다다르는 단계이다.

3. 고객 만족을 넘어 고객 감동을 제공한 사례

1) 고객 만족을 넘어 고객을 감동시켜라.

"고객으로부터 받은 이윤을 생각한 것이 아니라, 어떻게 하면 서비스와 감동을 더 제공할 수 있을까를 고민했다. 첫째도 고객, 둘째도 고객, 셋째도 고객을 생각했다."

CEO 강연에서 외식 프랜차이즈 업계의 '성공신화', '대모(代母)'로 불리는 김순진 전 놀부 회장의 말이다. 신림동 뒷골목에서 5평짜리 보쌈집으로 시작하여 한식을 대표하는 브랜드로 성공할 수 있었던 비결을 하나의 단어로 표현한다면 바로 '고객중심 경영'이라고 말한다. 김순진 전 회장의 말처럼 실천하는 기업이 있다면, 고객은 다른 곳으로 이탈하지 않고 충성고객이 되어줄 것이다.

다시 찾고 싶어 하는 곳을 만들기 위해서는 고객의 마음에 감동을 남겨야 한다. 고객이 기대하고 있는 것 이상으로 서비스를 해주어야 한다. 고객은 만족 이상의 서비스를 받았을 때 그 감동을 기억하고 다시 그 매장을 찾고 싶어 한다.

단순히 고객을 만족시키는 것에 그쳐서는 안 된다. 다른 곳에서 시도하지 않은 방식으로 감동서비스를 전해야 한다. 그리고 진심이 담겨져 있어야 한다. 지금 바로 '어떻게 하면 고객에게 감동서비스를 할 수 있을까?'를 고민하면 방법을 찾을 수 있다.

2) 친절한 서비스 때문에 고객이 재방문한 사례

어느 주얼리 숍(금은방) 대표는, 성공적으로 운영할 수 있는 이유는 백화점에 근무한 경험이 도움이 되어 오픈 초부터 고객들 사이에서 친절하다는 소문이 났다고 한다. 지금도 그런 이미지를 유지하고 있어서인지 고객들이 많이 찾아준다. 주얼리 숍(금은방) 대표에게서 직접 그 비결을 물어보았다.

> "고객을 나의 동생이나 가족처럼 생각하면 진심으로 응대할 수밖에 없습니다. 진정성 있게 대하면, 고객들이 자연스럽게 충성고객으로 발전해 나갑니다. 한 분 한 분 모두 진심으로 대하려 합니다."

예물이 고가이므로 제품에 신경을 쓰면서도 그는 항상 고객을 잊지 않는다. 결국 보석은 사람이 착용하기 때문이다. 고객의 취향을 제대로 파악하지 못하면 적절하게 서비스를 할 수가 없다. 그래서 친동생이 결혼하는 것처럼 진심으로 대한 것이 고객들에겐 감동이었는지 한 번 온 고객들이 다시 오는 경우가 많다고 한다. 친절한 서비스는 대부분 백화점을 떠올리는데, 고객들이 주얼리 숍(금은방) 대표가 백화점보다 더 친절하다고 말하면, 그 대표는 그렇게 기쁠 수가 없다고 말한다. 그러므로 가식적이지 않고 진심어린 마음에서 우러나오는 친절과 서비스가 중요하다(박정순, 2017).

3) 사후서비스만 잘해도 단골(고정) 고객을 만들 수 있다.

사후서비스는 귀찮은 일이 생긴 것이다. 그래서 얼마나 말썽 없이 잘 따돌리느냐 하는 것이 능력이고 수단일까? 아니다. 사후서비스는 고객과 다시 한 번 진지하게 이야기할 수 있는 역전의 기회이다. 판매할 때는 이야기를 믿으려고 하지 않던 고객도, 사후서비스 때는 귀담아 듣는다. 판매원의 성실함을 보여줄 수 있는 단골(고정) 고객을 만들 수 있는 축복의 기회이다.

4) 단골(고정) 고객 우대 마케팅

단골(고정) 고객에게 더 큰 공을 들여야 한다. 뜨내기 고객과 단골(고정) 고객을 다르게 대우하는 차별화 마케팅이 급속도로 확산되고 있다. 일명 '단골우대 마케팅'으로 불리는 이 전략은 신규 고객을 확보하는 것보다, 기존의 우수 고객들에게 더 많은 혜택을 줌으로써 재구매 비율을 높이는 것이 효과적이라는 판단에 따른 것이다. 이 전략은 최근 유통업계는 물론 보험, 전자, 자동차, 선박업계에까지 퍼지고 있다.

최근 유통업계에 따르면 롯데, 신세계, 삼성 테스코 등 백화점 및 할인점들이 기존의 단골(고정) 고객에 더욱 공을 들인 결과 톡톡히 재미를 보고 있다고 한다. 신세계백화점은 이용고객 중 10%에 해당하는 단골(고정) 고객들을 대상으로 각 매장에 이들이 사용할 수 있는 전용 'VIP룸'을 마련하였다. 영등포 · 미아 · 강남점에서는 단골(고정) 고객들에게 3시간 무료주차, VIP주차장 이용, 발레파킹서비스를 받을 수 있는 자동차 스티커를 제공하고 있다.

과 제

❶ 다음의 표와 같이 과제 + 내적 이미지 분석을 A4용지(11pont)에 작성하여 과제를 제출한다(A4용지 총 7장으로 제출. 제목 첫 장 포함).

면접 시 일반적인 질문들

1. 일에 대한 의식

1) 갑작스런 일이 주어졌는데, 사전에 다른 약속이 있다면 어떻게 하시겠습니까?
2) 당신의 미래 희망하는 직종을 말해 보십시오.
3) 직장생활에서 우선순위로 두어야 할 덕목은 무엇이라고 생각합니까?(KA운송 면접 질문)
4) 상사와 의견이 다를 경우 당신은 어떻게 하시겠습니까?
5) 직장생활에서의 리더십이란 무엇이라고 생각하십니까?(KA운송 면접 질문)
6) 여성과 일에 대한 당신의 사견(개인적인 생각)은?
7) (여학생만 기입 요망)결혼 후 직장은 어떻게 하시겠습니까?

2. 자신에 대한 소개

1) 본인의 전공은 무엇이며, 전공을 선택한 이유는 무엇입니까?
2) 3분 안에 자신을 소개하시오. 이 문항을 3분 내용으로 만들어 작성하시오 (대기업 면접의 예 : KA 공항 운송직).
3) 본인의 장점, 단점에 대해서 말씀하시오.
4) 살아오면서 가장 기뻤던 경우와 가장 슬펐던 경우에 대해 말씀하시오.
5) 자신에게 있어 가장 소중한 것은 무엇입니까?(1순위, 2순위, 3순위)
6) 자신이 가장 좋아하는 색깔과, 싫어하는 색깔은 무엇이며 그 이유는?
7) 자신을 색깔에 비유하여 말씀하시오.

3. 개인의 인생관 및 기타사항

1) 자신의 평소 생활신조와 좌우명에 대해 말씀하시오.

2) 평소 존경하는 분에 대해 말씀하시오.
3) 자기만의 스트레스 해소법에 대해 말씀하시오.
4) 학생 자신이 즐겨하는 스포츠가 있다면, 어떤 것입니까?
5) 여가시간에는 주로 무엇을 하고 지내십니까?
6) 살면서 가장 가치 있다고 생각하는 게 무엇입니까?
7) 학생은 해외경험이 있는데, 어떤 경험을 했나요?
(혹시 해외경험이 없는 학생은 가고 싶은 해외여행 국가 및 도시를 적으시오)
8) 학생은 아르바이트 경험이 있나요?
9) 학생의 아르바이트 경력, 그것이 내가 원하는 OO직업과 무슨 연관이 있다고 생각하나요?
10) 본인은 다른 지원자보다 경쟁력이 있다고 생각하는 것을 한 번 이야기해 보시오.

※ 리더십이란, 남이 자신의 일을 자기일보다 더 열심히 하게 하여 자기가 할 때보다 더 큰 성과를 내도록 유도하는 능력
※ 진정한 리더는 확신을 가지고 정확한 의사결정을 신속히 내림

나의 내적 이미지 분석

❶ '나는 누구인가'라는 질문에 '당신이 어떤 사람인가'를 설명하는 짧은 문장 10가지를 적어 보시오. 가능한 생각나는 대로 빠른 속도로 적어보시오(성격이나 감정, 성향, 신념, 가치관, 희망, 관심사, 재능, 소질 등을 포함).

1. ______________________________

2. ______________________________

3. ______________________________

4. ______________________________

5. ______________________________

6. ______________________________

7. ______________________________

8. ______________________________

9. ______________________________

10. ______________________________

❷ 남에게 보이고 싶고, 되고 싶은 나의 전략적 이미지(5년 후의 구체적인 인생이나 직업에 대한 목표)를 세워 보시오. 학생 자신이 구체적인 목표를 세워 그것을 바람직한 (역할모델)로 인식하고 있을 때라야 학생은 비로소 그에 걸맞은 성공적인 이미지를 창출할 수 있다. 신체적인 면, 감정적인 면, 사회적인 면, 경제적인 면에 각 3가지 이상의 요소를 나열하시오.

신체적인 면	
감정적인 면	
사회적인 면	
경제적인 면	

❸ 내가 하고 싶은 직업(일)은 무엇인가를 생각하고 적으시오.

❹ 그(내가 되고 싶은) 직업을 가진 사람들의 이미지를 자유롭게 표현하여 적으시오(또는 그림을 그려 자유롭게 표현해도 좋음).

REFERENCES

강릉매거진(2011). 월간 강릉매거진, 한마당, Coffee와 人, 2011.2.5. Vol.4.

강원관광 아카데미(2013). 글로벌 친절서비스 지도자 양성 과정. 명함 매너, 경청의 효과, 올바른 경청의 8가지 기술.

강혜숙(2009). One-Stop Service 항공운송업무론, 대왕사.

경향신문 디지털뉴스팀(2011). '직장 내 에티켓' 이것만은 꼭 지켜주길 바래, 2011년 3월 7일.

계도원(2009). 고객마음 고객행동 고객문화, 좋은 책 만들기, pp.153~154, pp.180~182.

고구레다이치 저 · 황미숙 역(2017). 횡성수설하지 않고 정확하게 설명하는 법, 당신이 설명을 못하는 데는 사소한 이유가 있다, 갈매나무, pp.164~167.

관광서비스연구회(2017). 관광서비스, 기문사.

국제매너센터. 긍정적인 사람은….

김경화 · 장은주 · 유지선(2011). 비서실무의 이해, 한올출판사.

김복동 · 김덕한 · 이현재 · 조수현(2007). 글로벌시대의 예비취업자를 위한 직장 매너 교육, 대덕대학출판사.

김지아 · 유정아 · 박혜정(2015). 글로벌매너 5W1H, 지식인.

김찬규(2012). 세리보고서. 얼무리 92호, 실패하는 사람에겐 실패하는 이유가 있다.

_____(2019). 말 잘하는 방법 10가지, 2019년 2월 18일.

_____(2019). 세리연구소. 성공한 사람들의 말 잘하는 법, 2016.10.23; 조선일보(2019), 윤희영 편집국 편집위원.

_____(2019). 행복할 때 얼굴 표정은 17가지, 세리연구소, 2019.1.17.

_____(2019). Fun Speech; 박승원, 2019.04.03.

나이토 요시히토(2019). 일, 사랑, 관계가 술술 풀리는 40가지 심리기술 말투 하나 바꿨을 뿐인데, 김한나 옮긴이, 유노북스. 2017년 3월 17일 1판 1쇄.

내외뉴스통신(2017). 체인지레이디, '2017 공공기관 채용정보 박람회' 면접복장 컨설팅 실시, 2017.12.13. 김경수 기자.

네이버 블로그(2013). [HR]명함을 주고받을 때 예절, Volante의 좋은 세상 만들기 2013.10.29.

__________(2017). 취업포스팅 신입사원의 갖춰야 할 인사매너. 택이의 발자국, 2017.04.02.

네이버(2019). 인사유형 : 비즈폼.

_____(2020). 웃음 만들기, 웃음 유지하기와 밝은 미소 짓기 기본동작.
(https://cafe.naver.com/stewardessbang/46132).

네이버포스트(2017). 시리즈 직장생활 Tip 명함 교환할 때 주고받는 법은
(https://m.post.naver.com/viewer/postView.nhn?volumeNo=6738727 & memberNo=33776461, 2017.03.09.)

노동부와 한국산업인력공단(2006). 전화응대의 특징 및 문제점; 네이버포스트(2020). 전화응대.

뉴스1(2019). 新노년문화의 주역, 5가지에 앞장서자, 김경록, 2019.2.12.

로버트 치알디니 · 노아골드스타인 · 스티브마틴(2008), 21세기북스.

머니투데이(2015). "中서 대접받은 음식은 남겨라", …삼성맨 '관시' 8계명, 2015년 07월 12일.

박정민(2018). 불만족 고객의 영향, CS개론 파트정리.

박정순(2017). 끌리는 곳은 서비스가 다르다, 도서출판 행복에너지, pp.12~15, pp.178~184.

박종필(2004), 박종필의 여행서비스 노하우, 세계여행신문, 2014년 12월 27일, 2005년 1월 10일, 2005년 1월 24일, 2005년 2월 3일 등.

박준형(2002). 나는 매일 매너를 입는다, 인터컬추럴리스트, 한올출판사, pp.12~15.

박한표(2006). 글로벌문화와 매너, 한올출판사.

박혜정(2013). 서비스맨의 이미지메이킹, 21세기 성공전략, 이미지메이킹등, 백산출판사.

브루스패튼, 김주영 편역(2019). 센스 있는 말 한마디, 백만문화사.

서명선(2001). 매너와 21C 신지식인, 백산출판사.

서비스 BASIC(서비스 실무) (2004). 삼성에버랜드 서비스아카데미.

손일락 · 김영식(2012). 비즈니스 매너의 이해, 한올출판사.

송홍규(2018). 호텔/외식 식음료서비스, 지식인.

아시아나항공 서비스매뉴얼(2004).

아시아나항공. 승무원 체험교실매뉴얼.

엄문자 · 류미현(2002). 생활문화와 매너, 건국대학교출판부.

에이치앤컨설팅(2015). 글로벌 헬스케어 자료실, 중국뉴스, 2015. 9월.

여행신문(2004.9.3).

여행정보신문(2005.7.15.).

오정주 · 권인아(2019). 비즈니스 매너와 글로벌 에티켓 3판, ㈜한올출판사.

오쿠시 아유미 지음, 정은지 옮김(2010) 일 잘하는 사람보다 말 잘하는 사람이 이긴다, ㈜도서출판 예문.

우라카미 다이스케 지음, 박재영 옮김(2018). 힘내라는 말보다 힘이 나는 말이 있다, 도서출판 갈매나무.

위키백과(2019). 문화 충격 용어, 2019.06.29.

윤미나 역(2008), Yes를 끌어내는 설득의 50가지 비밀, 설득의 심리학.

이규역 옮김. 21세기 지식경영(Management Challenges for the 21st Century), 피터 드러커 (한국경제신문사, 1999).

이미지 사진 : https://pixabay.com/ko

이정환(2007). 재치 있는 말 한마디가 인생을 바꾼다, 부산광역시 : 시아출판사. pp.184~187.

정병태(2018). 언어의 품격. N넥스웍, p.175, pp.246~247, pp.266~267.

정혜전(2009). 호감도 100배 인상의 달인, 첫인상이 마지막 인상이다, 2009년 7월 10일, p.14, 말 한마디의 표현에도 기술이 필요하다, pp.164~167. (주)비전비엔피 · 비전코리아.

조용신 외 6명(2011). Airline Cabin Service Workbook, 한울출판사.

조용신 · 김선희 · 이석호(2016). 서비스매너, 한국방송통신대학교 출판문화원.

주 베트남 대사관(2008). 비즈니스 문화 · 에티켓. 2008.05.27.

중앙일보(2015). 화난 고객님 상대하느라 … 전화상담원 '맘고생' 1위. 2015.10.14.

진로& 취업 가이드북 행복한 진로행진, 가톨릭관동대학교 대학일자리센터사업단, 2019.02 p.108.

창은미(2007). 친절서비스 교육, 2007 강원관광 아카데미 관광업체 종사원 재교육과정.

첫인상이 마지막 인상이다, 2009년 7월 10일, p.14, 말 한마디의 표현에도 기술이 필요하다, pp.164~167.

충북넷(2011). 직장예절 최고는 마주쳤을 때 인사하기, 강근하 기자.

켄블랜차드 외, 조천제 옮김(2015). 칭찬은 고래도 춤추게 한다, 21세기북스.

하진영 · 오선영(2007). 영화로 보는 매너와 에티켓, 파워북.

한겨레(2019). 공들여 쓴 입사지원서 보는데 10분…'경력사항' 가장 주목, soni@hani.co.kr. 2019.02.22.

한경닷컴 면세뉴스(2015). 매너가 사람을 만든다 … 기내 에티켓6(2015.09.03). 김기훈 기자 flyboy21@kdfnews.com.

한국관광공사 관광교육원(2006). 제2차 국외여행인솔자 소양교육 2006.06.01.~06.03.

______________________(2006). 제2차 국외여행인솔자 소양교육, 2006.6.1.~6.3.

한국관광협회중앙회, 코리아그랜드레저; 여행신문(2015). 외국인 관광객을 위해 꼭 알아두어야 할 글로벌 에티켓, 좋아요! 싫어요!.

한국폴리텍평생교육원(2017). 스피치 : 말 잘하는 방법 10가지, 2017.2.23.

행정안전부 고객응대 매뉴얼(2009). 나의 친절이 세상을 행복하게 합니다, 가톨릭관동대학교출판부.

CS교육 비즈니스매너, https://kby0908.blog.me/60094805704(2019);
https://www.psychologytoday.com/sg/blog/making-meaning/201811/the-worst-way-end-call(2018).

http://www.acronet.kr/2209. 와튼스쿨, 불만고객 연구보고서(2008).

http://www.hani.co.kr/arti/economy/consumer/883191.html#csidx73c15ec4727501da0b6b8cfe77fc01d.

https://blog.lgdisplay.com/2015/09/lgd-2015-2-recruit/(2015). 남자 여자 정장 면접사진.

https://blog.naver.com/happysvc/80107782274, 커뮤니케이션 고객 만족 화법 매너 / 직장인 코칭, '말'에 관련된 속담, 2010년 5월 20일.

https://blog.naver.com/parkstwo/22133224434, 2018.9.23.

https://www.magicalapparatus.com/body-language-2/hand-shake-styles.html/악수매너.

Sky News(2013). 중국식탁 예절 ① '훠궈' 먹을 땐 냄비에 수저를 넣지 않는다. 〈정원교 / 국민일보 논설위원〉. 2013.04.13.

Profile

강혜숙

세종대학교 관광대학원 관광경영학과 석사 졸업
세종대학교 일반대학원 호텔관광경영학과 박사 졸업
(주)대한항공 서울여객지점 국제선 발권부 근무(서소문 영업본부)
(주)아시아나 애바카스(현, 아시아나세이버) 전문강사 근무
세종대학교, 남서울대학교, 충청대학, 유한대학 강사 등 다수
현, 가톨릭관동대학교 관광경영학과(항공여행전공) 부교수

〈저서 및 논문〉
강혜숙 외 1인(2004), 항공실무, 대왕사
강혜숙(2005), e-Ticket 항공예약발권, 대왕사
강혜숙(2007), e티켓 시대의 항공예약발권, 대왕사
강혜숙(2009), 원스톱서비스 e티켓 항공예약발권, 대왕사
강혜숙(2009), One Stop Service 항공운송업무론, 대왕사
강혜숙(2012), One Stop Service e티켓 항공예약발권, 대왕사
강혜숙(2014), 항공예약실무론 : TOPAS SellConnect 시스템을 중심으로, 대왕사
강혜숙 외 6인(2014), 고등학교 관광일반, 서울시교육청
강혜숙(2016), 제2판 항공예약실무론 : TOPAS SellConnect 시스템을 중심으로, 대왕사
강혜숙(2016), 항공예약 운임발권실무, 대왕사
강혜숙(2019), 최신 항공사경영론, 양림출판사
강혜숙(2007), "항공권 유통경로에 대한 신뢰와 위험지각이 항공권 선택 성향에 미치는 영향", 박사학위논문

〈학회활동〉
(사)한국관광레저학회 부회장(현)
(사)대한관광경영학회 이사(현)
한국호텔관광학회 편집위원(현)
한국외식산업학회 이사(현)
한국커피학회 이사(현)
한국호텔리조트학회 편집위원(현)

〈자격증〉
CS Instructor Course. 2008년 2월. 삼성에버랜드 서비스아카데미